Dominique Berger / Nerina Spicacci

Accord

méthode de français

niveau 2

Didier

Table de références des textes et crédits photographiques

Couverture : Robin Devis/Pix. **Intérieur : p. 5** : P.P.L./Sipa Press (1) ; B. Desprez/Agence Vu (2) - **p. 13** : D. Boughton/Katz/Cosmos (a) ; Gaillard/Jerrican (b) ; D. de Lossy/Image Bank (c) ; Jahreszeitem-Verlag/T. Walter/Agence Soury (d) ; J-P Duret (e) - **p. 15** : Bilderdienst/Studio X/Kraz (1) ; F. Bouillot/Marco Polo (2, 5) ; Agence Soury (3) ; Jahreszeitem-Verlag/C. Schroeder/Agence Soury (4, 6) ; F . Wartenberg/Studio X (7, 8) - **p. 16** : J-P Duret - **p. 18** : © Éditions Moulinsart 2000 - **p. 21** : Morcime/Campagne, Campagne/Hervé Le Gac - **p. 23** : J. M. Coubat/Gamma (1) ; Perrier Vittel M.T. (2) ; Amora Maille (3) ; Sequoia, Paris (4) ; Seb (5) ; J-P Duret (6) ; Hervé Le Gac (7, 8) ; Cadbury France/La pie qui chante (9) ; © La Pléiade, Éditions Gallimard (10) ; E. Pierrot/Agence Vu (11) - **p. 32** : Robert Doisneau/Rapho - **p. 33** : © 2000, Les Éditions Albert René/Goscinny-Uderzo - **p. 34** : Le Monde (1) ; Idé (2) ; Femme Actuelle (3) ; Hachette Filipacchi/Top Famille (4) - **p. 36** : J.-P. Charbonnier/Agence Top - **p. 39** : P.P.L./Sipa Image (1) ; P.E. Charon/Urba Images (2) - **p. 40** : Anne Deguy/Marie Claire (texte) ; Albert Lingot/Marie Claire - **p. 41** : J-P Duret - **p. 44** : France Télécom Branche Grand Public - **p. 48** : B. Annebicque/Sygma (1) ; C. Abad/SDP (2) - **p. 49** : Pierre Gallard/Cité des Sciences et de l'Industrie (1) ; Collections du Centre Georges Pompidou/Musée national d'art moderne, Paris/Cliché photothèque des Collections du Centre Georges Pompidou/Musée national d'art moderne, Paris/© Adagp, Paris 2000 (2, 5) ; © Photo RMN/J.G. Berizzi (3) ; © Photo RMN (4) - **p. 51** : Mauritius/SDP - **p. 52** : Éditions Gallimard (1) ; © Éditions Moulinsart 2000 (2) - **p. 56** : Julie Carlhian/Hachette Filipacchi - **p. 58** : "Publicités reproduites avec l'accord de la Société des Produits Nestlé SA, Propriétaire de la marque NESQUIK (1) ; Sidali-Djenidi/Gamma (2) ; Mars Alimentaire S.A. (3) ; G. Mermet, Francoscopie 1997 © Larousse-Bordas, 1996 (texte) - **p. 60** : Femme Actuelle - **p. 61** : Christophe L (1) ; J-P Duret (2) - **p. 64-65** : Hachette Filipacchi Grolier 2000 - **p. 66** : J-P Duret (1) ; ADPC/Artephot (2) ; Durand/Sipa Press (3) - **p. 67** : J-P Duret (1) ; R. Doisneau/Rapho (2) ;SNCF-CAV-JJD (3) - **p. 69** : M. Nascimento/REA (1) ; Labat/Jerrican (2) ; Jephro (3) ; J. Polilio/Stone (4) - **p. 70** : Librairie Arthème Fayard, 1998 (texte) ; Idé - **p. 73** : E. Philippotin/Rapho (1) ; Thuillier/REA (2) - **p. 77** : CFES/DR - **p. 78** : Ed (1) ; Carrefour (2) - **p. 80** : Le Monde - **p. 81** : Le Point (1, 2) ; France Télécom Multimédia Education (3) - **p. 83** : Christophe L (1) ; Météo France (2) - **p. 84** : © 1998, Philippe Geluck/Casterman - **p. 85** : F. Candice/Pix - **p. 86** : CFES/DR (1) ; Gan/Leagas Delaney Paris Centre (2) - **p. 88-89** : Christophe L ; Télérama (texte) - **p. 90** : DR ; M Magazine n° 2, mai 1998, p. 112/Michel Rougemont (texte 1) ; Gérard Mermet, Francoscopie 1997, Larousse-Bordas, 1996 (texte 2, 3) - **p. 91** : D. Day/Stone (1) ; DR ; B. Josselin/Hachette Filipacchi (texte 1) ; Gérard Mermet, Francoscopie 1997, Larousse-Bordas, 1996 (texte 2) - **p. 93** : J-P Duret - **p. 94** : 1997, Philippe Geluck/Casterman - **p. 96** : G. Mathieu de A à Z/Editions Ellipses - **p. 97** : T. Orban/Corbis Sygma (1) ; PPCM (2) ; Morris/Sipa Press (3) ; C. Gerigk/Sipa Press (4) - **p. 99** : J-P Duret ; Europqn ; Gérard Mermet, Francoscopie 1997, Larousse-Bordas, 1996 texte) - **p. 100** : Emapfrance/Auto Plus (1) ; Studio Magazine (2) ; Lire (3) ; Excelsior Publications/Science & Vie (4) ; Bayard Presse/Phosphore (5) ; Maison & Travaux (6) ; Bodoï (7) ; Info PC (8) ; Groupe Expansion (9) ; Emap.femme/Top Santé (10) - **p. 102** : Jean-Jacques Sempé, La Grand panique © Sempé et Éditions Denoël 1965 ; C. Goldberger/Marie Claire (texte) ; B. Plotkin/Stone - **p. 105** : Diaf (1) ; G. Danger/Urba Images (2) - **p. 106** : H.-A. Segalen/Agence Top (1) ; E. Dygas/Pix (2) ; F. Bouillot/Marco Polo (3) - **p. 107** : M. Krasowitz/Pix - **p. 109** : F. Vielcanet/Urba Images - **p. 111-112** : G. Mathieu de A à Z/Éditions Ellipses - **p. 113** : G. Beauzee/Urba Images - **p. 115** : Sempé, Comme par hasard © Éditions Denoël, 1981 - **p. 118** : © 1997, Philippe Geluck/Casterman - **p. 120** : CFES/Publicis Wellcare - **p. 121** : La vache qui rit (1) ; Président (2) - **p. 122** : J.-M. Marcel/La Documentation Française (1) ; F. Pagès/Paris-Match/Documentation Française (2) ; J.-H. Lartique/Documentation Française (3) ; G. Freund/Documentation Française (4) ; B. Rheims/Documentation Française (5) ; Le Rassemblement pour la République ; PCF ; Parti Socialiste, La nouvelle UDF, DR ; Les Verts - **p. 123** : C. Purser/Pix - **p. 125** : D. Simon/Gamma (a) ; V.A.L./Artephot/© Adagp, Paris 2000 (b) ; Roger Viollet (c) ; Éditions Gallimard/© Adagp, Paris 2000 (d) ; Les éditions de minuit (e) - **p. 129** : Liipnitzki-Roger Viollet (1) ; Chanel (2) ; Gamma/City Models (3) - **p. 131-132** : Le Monde (texte) - **p. 133** : Alliance Française (1) ; W. Van Cappellen/REA (2) ; J.F. Fourmond/Urba Images (3) ; R. Gaillarde/Gamma (4) ; Leligny/Diaf (5) ; Éditions Flammarion/"Avec l'aimable autorisation du magazine *Ça m'interesse*, février 2000" - **p. 137** : CREDOC (1) ; E. Audras/SDP (2) - **p. 153** : Bonne Fête Paulette, Jean-Loup Dabadie/Éditions Albin Michel, 2000.

Nous avons recherché en vain les auteurs ou les ayants droit de certains documents reproduits dans ce livre. Leurs droits sont réservés aux Éditions Didier.

Dessinateurs :
Marie-Anne Abesdris : pp 3, 4, 6, 8, 18(d), 24, 27, 29, 30, 44, 74, 99, 113.
Jean-Louis Goussé : 7, 9, 45, 55, 57, 60, 75, 116, 117, 127.
Juliette Levejac-Boum : 22, 26, 35, 42, 126.
Gérard Matthieu : 96, 111, 112.
Juan Mora : 10, 28, 77, 86, 130.
Jean-Marie Renard : 87, 108, 119.
Rony Turlet : 119, 134-135.

Conception graphique et maquette intérieure : Frédéric Aubailly - WWW.kikako.com
Couverture : Studio Favre et Lhaïk
Photogravure : Euresys.

Réalisation de l'accompagnement sonore et musical : Yves Hasselmann

© Les Éditions Didier, 2000   ISBN 2-278-04982-8   Imprimé en France

Avant-propos

Accord est une méthode conçue pour un public d'**adultes et de grands adolescents** de toutes nationalités désirant acquérir **une réelle compétence de communication** en 160 heures de cours, 80 heures pour *Accord 1* et 80 heures pour *Accord 2*. Dans **Accord 2**, les savoir-faire langagiers étudiés dans le premier volume dans une optique communicative sont repris de façon spiralaire et approfondis afin de renforcer le bagage linguistique des étudiants.

En partant de notre expérience de classe, nous avons élaboré une méthode tenant compte des difficultés d'apprentissage langagier des débutants, des nécessités que doivent affronter les enseignants selon les institutions où ils enseignent, de l'importance d'utiliser un manuel clair et structuré, de la possibilité d'amener les étudiants à acquérir une démarche autonome.

Notre démarche est une **démarche notionnelle-fonctionnelle** qui progressivement amène les étudiants au niveau de l'**unité A2 du DELF**. Les étudiants peuvent non seulement apprendre le français de façon communicative mais aussi le **prolonger en auto-apprentissage**.

Le niveau 2 de *Accord*, tout comme le niveau 1, aborde les étapes de l'apprentissage à travers **quatre dossiers thématiques** qui peuvent constituer, selon les exigences du public, **quatre blocs indépendants de 20 heures chacun**.

Nous avons conçu les activités de façon claire et variée afin de maintenir la motivation des étudiants tout en les amenant à acquérir **des savoir-faire langagiers définis et identifiables**. L'apprentissage se poursuit pas à pas à travers des activités diversifiées plus ou moins complexes pour rassurer les étudiants en leur permettant de vérifier constamment leurs acquis. Nous avons tenu compte des exigences d'horaires par le minutage de toutes les activités du manuel telles qu'elles doivent se dérouler en classe pour proposer un travail de classe réaliste et faisable.

STRUCTURE DU NIVEAU 2

Le livre de l'élève est composé de quatre dossiers, chacun étant constitué :
- de trois unités
- d'une préparation au DELF A2
- des pages "Travailler avec le CD audio".

DESCRIPTION D'UNE UNITÉ

La structure des unités a été revue afin de travailler comme dans *Accord 1* les points langagiers mais aussi de faire **acquérir une maîtrise du discours** en multipliant les activités à compétences croisées (écrit / oral, compréhension / expression écrite).

Nous proposons en début d'unité un document authentique ou semi-authentique, écrit ou oral, contenant des occurrences langagières qui seront travaillées pendant l'unité. Chaque unité est divisée en sections s'alternant ainsi :
1. un document déclencheur (avec activités de compréhension et acquisition du vocabulaire)
2. une section "Grammaire"
3. une section "Communication"
4. une section "Écrit" dans laquelle les activités de compréhension et d'analyse d'un texte ainsi que de production écrite permettent à l'apprenant de réaliser un **savoir-faire écrit**
5. une section de civilisation, intitulée "Manières d'être"
6. une section de phonétique, "Phonie-Graphie"

Chaque section comprend des activités de découverte, d'observation, de mémorisation, de réemploi, accompagnées de nombreux enregistrements sonores et de documents visuels.
Des tableaux ou encadrés synthétiques récapitulent les points étudiés (lexicaux, grammaticaux, communicatifs et phonétiques) : l'étudiant peut ainsi avoir à sa disposition une mise au point qui est reprise de manière systématique aussi bien dans les exercices à faire en autonomie que dans le CD.
Des tableaux de rappel reprennent un certain nombre de points grammaticaux déjà abordés en *Accord 1*.
Il est prévu pour chaque unité les transcriptions des enregistrements qui permettent de travailler avec le CD audio : elles sont regroupées à la fin de chaque dossier.

LE GUIDE PÉDAGOGIQUE

Il s'agit d'un guide d'utilisation pour les professeurs comprenant l'objectif de chaque unité, des indications d'exploitation du matériel, des informations culturelles, les corrigés des exercices, le minutage des activités, des tests d'évaluation pour chaque dossier, des pages photocopiables des exercices autocorrectifs sur Internet avec leurs corrigés et la transcription des enregistrements.

Les auteurs

Indications sur le mode d'emploi du CD

A quoi va vous servir ce CD ?

Le CD dans la méthode *Accord* a été conçu afin de vous permettre de reprendre, après la classe et à votre rythme, le contenu de chaque unité pour :

a. mieux fixer les acquisitions grammaticales, communicatives et lexicales étudiées pendant le cours,
b. avoir à votre disposition le corrigé de certains exercices ou activités,
c. écouter les sons étudiés et, ainsi, améliorer votre prononciation et votre intonation.

Comment est-il structuré ?

Pour chaque unité, le CD vous permet :

a. d'entendre des phrases sélectionnées dans le document de lancement de chaque unité ;
b. de réécouter des exemples des tableaux grammaticaux et communicatifs ;
c. de contrôler la correction des exercices de grammaire et de communication afin de pouvoir répéter et mémoriser les nouvelles acquisitions ;
d. d'écouter des phrases liées à la phonétique étudiée.

Comment pouvez-vous utiliser le CD ?

Dans les pages "Travailler avec le CD audio", vous trouverez à côté de chaque activité, comme référence, la page et le numéro d'exercice ou le titre de l'encadré correspondant à l'enregistrement.

Vous avez la possibilité d'utiliser le CD après chaque cours ou à la fin de chaque unité. Par exemple, après chaque unité, vous pourrez procéder ainsi :

1. écouter les activités du CD tout en regardant votre livre ;
2. vérifier la correction des exercices et contrôler ainsi si vos acquisitions sont correctes ;
3. fermer votre livre et, pour chaque activité du CD, écouter les phrases, et les répéter ;
4. en cas de difficulté, ne pas hésiter à reprendre l'activité du CD ou la page correspondante dans le livre et à interroger votre professeur sur vos doutes.

Pour faciliter votre travail, les activités du CD reprennent l'ordre progressif des exercices et des tableaux.

Exercices autocorrectifs sur Internet

Pour la première fois, une méthode de français s'enrichit d'un site Internet, qui permet à l'apprenant de s'entraîner en autonomie ou dans un centre de ressources en effectuant des exercices autocorrectifs.

Sur www.didieraccord.com, une série d'exercices classés par unité et par objectif d'apprentissage dans leur ordre d'apparition dans le manuel est proposée à l'apprenant.

Pour les classes dont les apprenants n'auraient pas accès à Internet, ni à domicile ni dans le centre de ressources de l'institution, les mêmes exercices sont reproduits dans le Guide Pédagogique *de Accord, de telle sorte que l'enseignant puisse les photocopier et les distribuer aux apprenants qui seraient désireux de faire des exercices supplémentaires.*

Fonctionnement du site Accord

Le site est d'accès libre et gratuit.
Les exercices sont classés par Dossier puis par Unité. Par exemple, si au jour de la connexion c'est l'unité 2 ("Les rencontres") du dossier 1 ("L'entourage") qui est étudiée en classe, il suffira à l'apprenant de cliquer sur l'unité correspondante dans la page d'accueil pour visualiser les différents exercices qui sont proposés, classés par objectif d'apprentissage. Il pourra choisir alors de faire un exercice sur "Le subjonctif", ou bien un exercice de phonie-graphie...

Les exercices du site Accord

Les exercices sont des exercices "fermés" (à trous, à choix multiples ou d'appariement...), afin de pouvoir proposer une correction automatique. Cependant, un écran de remédiation vient s'intercaler entre la saisie de la réponse par l'apprenant et la correction automatique de l'exercice, afin d'inciter l'apprenant à réfléchir sur son erreur et donner une dimension pédagogique à ces exercices automatiques.

Certains exercices sont sonorisés. Il s'agit des exercices de phonétique qui sont en dernière position dans chacune des unités. Il est cependant toujours possible d'effectuer la tâche demandée même si l'on ne dispose pas de son.

Comment utiliser le site Accord ?

Les exercices autocorrectifs sont *complémentaires*, c'est-à-dire qu'ils s'adressent aux apprenants qui souhaiteraient effectuer un prolongement en autonomie de l'apprentissage en classe, afin de renforcer des acquisitions. Toutefois, le professeur peut également proposer ces exercices comme travail personnel à effectuer entre deux cours, à domicile ou au centre de ressources de l'institution.

DOSSIER 1

L'entourage

Unité 1 - Les voisins

Le présent progressif, le passé récent, le futur proche
Féliciter / Reprocher
Écrire une lettre de félicitations
Le savoir-vivre
Quelques verbes différents au singulier et au pluriel

Unité 2 - Les rencontres

Le subjonctif
Exprimer ses émotions
Écrire au courrier des lecteurs
Les cadeaux
Présent de l'indicatif et présent du subjonctif

Unité 3 - Les amours

Le conditionnel présent
Exprimer ses sentiments
Écrire une lettre d'amour
La famille
Les nasales

DELF

Travailler avec le CD audio

Unité 1
Les voisins

 Monsieur Tanaka vient d'emménager dans un immeuble parisien. Écoutez les conversations qu'il entend, indiquez sur le dessin à quel étage elles se déroulent puis complétez la grille.

	Félicitations	Reproches
1		Faire le ménage à 20h
2		
3		
4		
5		

2 Lisez l'encadré lexical puis formez des phrases en associant un élément de la colonne de gauche à un élément de la colonne de droite.

Exemple : 1 – c

> **Lexique :**
> Un immeuble, le rez-de-chaussée, l'étage, le palier,
> le voisin, l'ascenseur, la boîte aux lettres, la loge du concierge.

1. Chez moi, c'est très lumineux,
2. J'ai toujours rêvé d'habiter
3. C'est au rez-de-chaussée
4. Zut,
5. Dis, tu peux descendre chercher le courrier ?
6. J'ai d'excellents rapports

a. avec mes voisins de palier.
b. l'ascenseur est encore en panne !
c. mon appartement est au quatrième étage.
d. Je crois avoir vu des lettres dans la boîte aux lettres.
e. que se trouve la loge du concierge.
f. dans un immeuble ancien !

Grammaire
Le présent progressif, le passé récent, le futur proche

Écoutez cette conversation, indiquez si les actions évoquées (pleurer, téléphoner, rencontrer) se déroulent dans le présent, dans le futur ou dans le passé, puis complétez le tableau.

BEN, QU'EST-CE QUE TU AS MAINTENANT ?

Expression verbale au **passé** :	Expression verbale au **présent** :	Expression verbale au **futur** :
		Tu vas rencontrer

Le passé récent	Le présent progressif	Le futur proche
Le passé récent se forme avec **le verbe venir** + ... + **infinitif**	Le présent progressif se forme avec **le verbe** .... + ... + ... **infinitif**	Le futur proche se forme avec **le verbe** .... + ...
→ Je **viens de rentrer** chez moi !	→ Écoute, je te rappelle, je **suis en train de manger** !	→ Bon, on **va terminer** ce travail, oui ou non ?

Associez les questions et les réponses.

Exemple : 1 - d

1. Tu as du chocolat ?
2. Que fait Hélène ?
3. Pourquoi a-t-il autant de réunions ?
4. Pouquoi tu es rouge comme ça ?
5. Tu as des chaussures qui vont avec cette robe ?

a. Parce qu'il est en train de préparer sa campagne électorale.
b. Ben, je viens de courir !
c. Non, je vais en acheter.
d. Désolé, les enfants viennent de finir la tablette !
e. Elle est en train de travailler au bureau !

 Écoutez, puis dites quelles sont les personnes qui prononcent ces phrases et indiquez le lieu et la situation de ces dialogues.

	qui	lieu et situation
Exemple	deux jeunes filles : Marina et Julia	chez Marina qui a un rendez-vous amoureux
1		
2		
3		

 Imaginez ce que viennent de faire ces personnes, ce qu'elles sont en train de faire, ce qu'elles vont faire en utilisant le passé récent, le présent progressif et le futur proche.

Exemple : Ils **viennent de** se marier...

1. Se marier, partir en voyage de noces, saluer leurs invités, recevoir des cadeaux, montrer les photos de leur mariage...

2. Parler des nouvelles du jour, lire ses notes, regarder la caméra, faire une réunion pour préparer son journal télévisé du lendemain...

3. Reprendre leur travail, passer la douane, récupérer leurs valises, visiter le Maroc...

7 *Regardez cette bande dessinée et attribuez à chacune des vignettes une des répliques proposées en vous aidant du tableau "Féliciter / Reprocher".*

5 ☐ ☐

☐ ☐ ☐

1. — Ah ! c'est agréable de manger avec une muette ! Ta mère et moi, on n'arrête pas de te faire des reproches… tes études, ta musique, ton attitude… ouf !
2. — Bravo, Anne-Lise ! Et puis, elle est formidable, ta chanson !
3. — Fais voir ? Finalement, tu l'as fait ce disque ! Pas possible ! Toutes mes félicitations, ma chérie !
4. — Regardez ! Je viens d'enregistrer ma chanson !
5. — Écoute, ce n'est plus possible ! Tu joues tout le temps de la guitare et tu n'étudies jamais ! Tu es insupportable !
6. — Y en a marre ! Tu ne parles pas avec nous, allez, plus de télé ! Mange, ça suffit ces histoires.

Féliciter	Reprocher
Je suis très heureux (se) pour toi (vous) !	Je te / vous reproche d'avoir fait cela.
Je te (vous) félicite !	Tu ne devrais pas te comporter ainsi !
Félicitations !	Comment oses-tu (osez-vous) ?
Toutes mes félicitations !	Tu es (vous êtes) insupportable !
Bravo !	J'en ai marre / Y'en a assez *(fam)* !
Il y a de quoi être content(e) !	Dis donc, tu ne crois pas que tu exagères ?
	Ça suffit ! Ce n'est plus possible !

Écoutez cette discussion en famille puis complétez le dialogue.

La fille : J'_____ , ici, on ne me laisse rien faire. À 15 ans, je ne peux même pas sortir ! Vous êtes nuls ! Les autres parents, ils sont plus cools que vous !

Le père : _____ ? Et puis d'abord, sache-le ma chérie, ici, c'est dur ! Aie de bonnes notes en classe et on en reparle ! Heureusement, ton frère, lui, _____ de ce trimestre ! _____ mon fils !

Le fils : Alors, je peux aller au ciné avec les copains ?

La mère : Tu dois aller chez tes cousins, ce week-end !

Le fils : Ah ben tu parles d'une récompense d'aller chez eux, ils sont ennuyeux comme tout ! Et puis cette semaine j'ai fait les courses, et je viens de nettoyer le jardin !

La mère : _____ mais tu iras quand même chez ton oncle et ta tante !

Le fils : Y'en a marre, je me tire ! Salut !

Le père : Oh ! _____ ! _____ !

---

9 *Que dites-vous dans ces situations pour féliciter quelqu'un ou pour lui adresser des reproches ? Jouez les scènes par groupe de deux en vous inspirant du tableau "Féliciter / Reprocher".*

> **Exemple :** Votre amie va se marier avec un jeune homme beau, riche et très gentil.
> → Bravo, ma chérie ! Félicitations, tu as de la chance, vous allez être heureux ensemble !

1. Votre collègue vient d'apprendre qu'il aura une promotion et qu'il va devenir directeur de votre agence de publicité.
2. Votre mari a encore oublié votre anniversaire. Vous êtes furieuse !
3. Vous avez fait réparer votre voiture et elle ne marche pas, vous retournez chez votre garagiste.
4. Votre frère vient d'acheter une superbe maison au bord de la mer. Cela faisait longtemps qu'il en rêvait.

Écrire une lettre de félicitations Unité 1

10 M. Tanaka se trompe en donnant des conseils à un de ses amis étrangers qui vient d'arriver en France. Lisez le petit guide du bon voisinage et corrigez ses erreurs.

Exemple : Si la vieille dame du rez-de-chaussée ne te répond pas, c'est qu'elle est malpolie ! → Mais non, sois gentil avec elle, elle n'entend pas bien !

1. Ne félicite pas le jeune couple du quatrième étage qui vient d'avoir un bébé car on ne doit pas parler à des inconnus de leur vie privée.
2. Ferme doucement la porte pour ne pas déranger les voisins.
3. Après huit heures, sois silencieux.
4. Écoute très fort la musique, les voisins vont apprécier tes disques.
5. Ne dis pas à l'avance aux voisins que tu es en train d'inviter cinquante personnes pour ton anniversaire.

> **Rappel : l'impératif**
> **Salue** tes parents de ma part.
> **Ne faites pas** de bruit, s'il vous plaît !
>
> ❶ Sois, soyons, soyez
> Aie, ayons, ayez
> Sache, sachons, sachez
> Veuillez

Petit guide du bon voisinage

1. N'hésitez pas à saluer vos voisins quand vous les croisez dans les escaliers ou dans la rue. Félicitez-les s'ils ont eu un événement heureux dans leur vie ! Cela leur fera plaisir de recevoir un petit mot gentil !

2. Ne vous formalisez pas si la vieille dame du dessus persiste à ne pas vous rendre votre bonjour. Elle est peut-être simplement sourde !

3. Ne claquez pas la porte de votre appartement quand vous entrez ou vous sortez de chez vous.

4. Vous êtes en train d'emménager ? Ne bricolez pas ou ne passez pas l'aspirateur à dix heures du soir.

5. Ne montez pas inconsidérément le son de votre chaîne hi-fi ou de votre téléviseur.

6. Si vous faites une soirée, n'hésitez pas à prévenir vos voisins en vous excusant par avance du bruit que vous allez faire.

---

11 Lisez cette lettre de félicitations écrite par M. Tanaka. À qui l'a-t-il adressée et pour quelle occasion ?

> Chers Monsieur
> et Madame Dutrac,
>
> Je viens d'apprendre la naissance de votre bébé. C'est notre chère concierge qui me l'a dit ! Je suis ravi pour vous. Toutes mes félicitations et puis Océane, quel beau prénom !
> Je vous transmets toutes mes amitiés.
>
> Hiroshi Tanaka

12 *Écrivez deux petits mots à vos voisins en vous aidant du tableau "Écrire une lettre de félicitations".*

1. Vous félicitez votre voisine qui est votre amie et qui vient d'avoir des jumeaux. Vous espérez qu'elle n'est pas trop fatiguée. Vous dites que vous êtes ravi(e) pour elle et son mari. Vous lui proposez de venir la voir dans une semaine.

2. Un de vos voisins vient d'être reçu au concours de l'ENA (École Nationale d'Administration) après l'avoir passé trois fois ! Vous lui dites qu'il le mérite bien après tous ses efforts. Vous le félicitez et vous lui demandez ce qu'il va faire maintenant.

Écrire une lettre de félicitations

Une lettre amicale	Une lettre formelle
Cher (chère)...	Monsieur, Madame,
Je viens d'apprendre la nouvelle...	J'ai eu le grand plaisir de savoir que...
Je suis ravi(e) / enchanté(e) de...	C'est pour moi un grand honneur de vous félici-ter en cette occasion.
Je voulais te féliciter pour ton succès.	
Je t'embrasse très fort.	Je voudrais exprimer toutes mes félicitations à...
Bisous.	Veuillez agréer, Madame / Monsieur, mes salutations distinguées.

Manières d'être
Le savoir-vivre

13 *Connaissez-vous les règles de savoir-vivre en France ? Testez vos connaissances en répondant par vrai ou faux à ces affirmations, contrôlez les résultats en bas de la page, puis comptez vos points :*

7 points : bravo, vous connaissez les règles du savoir-vivre.

de 4 à 6 points : il vous reste encore à apprendre.

moins de 4 points : offrez-vous un bon manuel de savoir-vivre.

	Vrai	Faux
1. Lors d'une première rencontre, la personne la plus jeune est présentée la première à la plus âgée.		
2. En France, on mange le fromage avec la fourchette et le couteau.		
3. La maîtresse de maison doit s'asseoir la dernière à table.		
4. Lorsqu'on est invité à dîner chez des gens, on n'arrive jamais en avance.		
5. Si vous invitez quelqu'un au restaurant, vous devez arriver le premier.		
6. En entrant dans un café ou dans un restaurant, l'homme doit toujours laisser passer la femme.		
7. Ne saisissez pas le bras de quelqu'un que vous connaissez peu.		

1. C'est vrai, ceci en effet permettra à la personne la plus âgée de connaître les noms des autres avant de donner le sien.
2. C'est faux, en tenant le couteau avec la main droite, on coupe des bouts de fromage et on les fixe sur un petit morceau de pain que l'on tient avec la main gauche. On porte ensuite le petit morceau de pain avec le fromage à la bouche avec la main droite.
3. C'est faux, la maîtresse de maison doit toujours s'asseoir la première.
4. C'est vrai, plutôt avec une dizaine de minutes de retard mais pas plus.
5. C'est vrai, on ne fait jamais attendre un invité dans un restaurant, même la circulation ne peut pas vous servir de prétexte pour votre retard.
6. C'est faux, l'homme passe toujours le premier pour tenir la porte et laisser entrer la dame.
7. C'est vrai, gardez vos distances, les Français sont gênés si on s'approche trop d'eux.

14 *Associez chaque photo à un document.*

ⓐ

1. Le premier contact
Quand vous emménagez, pourquoi ne pas établir de bonnes relations en proposant un verre à vos nouveaux voisins ?

ⓑ

4. La gaffe irréparable
Sur un répondeur téléphonique, assurez-vous que c'est bien la personne à qui vous souhaitez vous adresser qui écoutera votre message, donc, pas de déclarations gênantes...

2. Aliments pièges
On mange les fruits avec des couverts, pas de couteaux pour la salade ou les spaghettis. Réservez vos doigts pour les crevettes et les clémentines.

ⓒ

3. Bisou bisou
Embrasser ses amis et les personnes que l'on rencontre pour la première fois était inimaginable il y a vingt ans. Aujourd'hui, cette façon de se saluer est devenue pratique courante.

ⓓ

5. Pas de laisser-aller
Il y a des limites à la décontraction. Au bureau : pas de séance de manucure et pas de coups de fil trop longs.

ⓔ

Texte	1	2	3	4	5
Photo					

Quelques verbes différents au singulier et au pluriel

 Écoutez, puis indiquez si le verbe est au singulier ou au pluriel ou si on ne sait pas.

	1	2	3	4	5	6	7	8	9	10
singulier	X									
pluriel										
on ne sait pas										

 Écoutez, complétez ces phrases, puis lisez-les.

1. .... très bien l'anglais.
2. .... se dépêcher.
3. .... ne .... pas leurs amis.
4. .... des brioches.
5. .... du bruit.

6. .... ne .... jamais.
7. .... beaucoup.
8. .... bon.
9. .... le chemin.
10. .... à Londres.

 Écrivez les sujets et les verbes entendus puis mettez-les au pluriel s'ils sont au singulier et au singulier s'ils sont au pluriel.

1. .... une veste. → .... une veste.
2. .... mal. → .... mal.
3. .... de très loin. → .... de très loin.
4. .... beaucoup d'eau. → .... beaucoup d'eau.
5. .... leur promesse. → .... leur promesse.
6. .... aux étudiants de sortir. → .... aux étudiants de sortir.
7. .... tout le monde. → .... tout le monde.
8. .... le code de la route. → .... le code de la route.
9. .... le faire. → .... le faire.
10. .... ne .... pas assez à la situation actuelle. → .... ne .... pas assez à la situation actuelle.

Quelques verbes différents au singulier et au pluriel

Les consonnes prononcées au pluriel sont le plus souvent : [s], [z], [t], [d], [v], [m] et [n].

+ [s] : finir → il finit [fini] → ils finissent [finis]
+ [z] : lire → il lit [li] → ils lisent [liz]
+ [t] : sortir → il sort [sɔʀ] → ils sortent [sɔʀt]
+ [d] : entendre → il entend [ɑ̃tɑ̃] → ils entendent [ɑ̃tɑ̃d]
+ [v] : écrire → il écrit [ecʀi] → ils écrivent [ecʀiv]
+ [m] : dormir → il dort [dɔʀ] → ils dorment [dɔʀm]
+ [n] : prendre → il prend [pʀɑ̃] → ils prennent [pʀɛn]

(!) Les verbes du premier groupe et les verbes "croire" et "voir" se prononcent de la même façon mais s'écrivent différemment :
→ Il parle [paʀl] ; ils parlent [paʀl]

Unité 2
Les rencontres

 Écoutez, complétez la grille en indiquant les aspects positifs ou négatifs de ces échanges, puis, en vous inspirant de la liste ci-dessous, attribuez au caractère de chacun des personnages un ou plusieurs adjectifs.

aimable, modeste, (peu) patient(e), triste, heureux(euse), nerveux(euse), simple, agressif(ive), prétentieux(euse)

	Aspects positifs ou négatifs	Caractères
Dialogue 1	**Claire** : aspect positif. Elle cherche à faire la connaissance de Pascale. **Pascale** :	**Claire** : simple, heureuse, aimable **Pascale** :
Dialogue 2	**Christine** : **Benjamin** :	**Christine** : **Benjamin** :

2 Lisez ces répliques et, à l'aide de l'encadré lexical ci-contre, indiquez la situation à laquelle elles correspondent.

Exemple : Bonjour, je m'appelle Annie et toi ? = Faire connaissance

> **Lexique :** faire connaissance, échanger des idées, faire des projets, partager des souvenirs, se disputer

1. Alors là, tu exagères ! Fiche-moi la paix, allez, salut ! = ...
2. Et si on partait comme tous les ans en Grèce ? Ça te dirait ? = ...
3. Tu te souviens ? C'était l'année de la terminale ! = ...
4. Et toi, qu'est-ce que tu penses du film ? Moi, je l'ai trouvé un peu ennuyeux, non ? = ...

Grammaire
Le subjonctif

3 À l'aide des deux photos, complétez le tableau du subjonctif.

"Il faut vraiment que tu me le présentes !"

"Il faut que je choisisse les photos pour ma nouvelle campagne publicitaire."

Le subjonctif

Formation du subjonctif

je, tu, il/elle, ils → radical de la 3ᵉ personne du pluriel du présent de l'indicatif + **e, es, e, ent**

nous, vous → même radical + 1ᵉʳᵉ et 2ᵉᵐᵉ personnes de l'imparfait de l'indicatif (**ions, iez**)

présenter	**choisir**
que je présent**e**	que je _____
que tu _____	que tu choisiss**es**
qu'il _____	qu'il _____
que nous présent**ions**	que nous choisiss**ions**
que vous présent**iez**	que vous _____
qu'ils _____	qu'elles choisiss**ent**

! **Il faut que** et **Il faudrait que** sont toujours suivis du subjonctif :
→ **Il faut que** vous **arriviez** à l'heure !

Le subjonctif : formes particulières

avoir : que j'aie, que tu aies, qu'il ait, que nous ayons, que vous ayez, qu'ils aient.
être : que je sois, que tu sois, qu'il soit, que nous soyons, que vous soyez, qu'ils soient.
pouvoir : que je puisse, que tu puisses, qu'elle puisse, que nous puissions, qu'elles puissent.
vouloir : que je veuille, que tu veuilles, qu'on veuille, que nous voulions, qu'ils veuillent.
savoir : que je sache, que tu saches, qu'elle sache, que nous sachions, qu'elles sachent.
aller : que j'aille, que tu ailles, qu'elle aille, que nous allions, que vous alliez, qu'elles aillent.
faire : que je fasse, que tu fasses, qu'on fasse, que nous fassions, que vous fassiez, qu'ils fassent.

🛈 **étudier** : que j'étudie..., que nous étud**ii**ons, que vous étud**ii**ez...

 Écoutez ces dialogues, trouvez le verbe au subjonctif et écrivez-le dans la colonne de gauche, puis indiquez dans la colonne de droite l'infinitif correspondant.

	subjonctif	infinitif
exemple	que tu invites	inviter
1		
2		
3		
4		
5		

5 *Lisez ces phrases et dites dans quelle réunion vous pouvez les entendre.*

1. Bien, sûr, il faut que les effectifs par classe soient moins nombreux !
2. Il faut absolument que les heures supplémentaires soient rémunérées à un taux différent !
3. Chers collègues, il ne faut pas que nos partenaires britanniques apprennent la nouvelle par la presse !
4. Il ne faut pas que la page des faits divers passe sous silence cet événement !
5. Messieurs, il faut que le discours du Premier ministre tienne compte de la situation !
6. Mais, Madame, il faut que vous pensiez un peu aux autres, ils ont le droit de dormir la nuit !

   a. dans un discours syndical
   b. dans une réunion de journalistes
   c. dans un conseil d'établissement scolaire
   d. dans un conseil d'administration d'une entreprise
   e. dans une réunion de co-propriétaires
   f. dans une réunion à l'Assemblée nationale

phrase	1	2	3	4	5	6
réunion	c					

6 *Imaginez ce que vous diriez à ces personnes qui vous demandent des conseils. Commencez chaque phrase par «il faut que» et «il ne faut pas que».*

1. — Les parents de mon fiancé m'ont invitée à dîner chez eux pour la première fois.
   (acheter un bouquet de fleurs, être à l'heure, raconter toute sa vie pendant le repas)
2. — Notre ami Jacques est très maladroit. Chaque fois qu'il vient déjeuner chez nous, il casse quelque chose.
   (lui dire de faire attention, sortir votre service de verres en cristal, le laisser seul dans la cuisine)
3. — Un collègue de mon mari nous a invités dimanche prochain à une fête pour le baptême de son dernier enfant, Rémi. Nous ne voulons pas y aller.
   (dire qu'on ne supporte pas les enfants, expliquer que le dimanche votre belle-mère vient à la maison, envoyer un petit cadeau à Rémi)

Exprimer ses émotions

 Écoutez et à l'aide du tableau "Exprimer ses émotions", complétez la grille selon le modèle.

© HERGÉ/MOULINSART 2000

	La tristesse	La peur	La joie	La fierté	La colère	La déception	Raison de l'émotion éprouvée
1			X				départ en voilier
2							
3							
4							
5							
6							

Exprimer ses émotions

Les émotions positives

Chic, comme je suis contente !
Je suis enchanté(e) que vous puissiez venir ce soir !
Je suis ravi(e) qu'on ait pris cette décision !
Je me sens fière de toi !
Je suis folle de joie à l'idée qu'il me fasse rencontrer ses parents.
Hourra, ils ont gagné !

Les émotions négatives

J'ai peur que cela ne réussisse pas.
Je suis désolé(e) que tu veuilles partir si vite !
Zut, je suis déçu(e) d'avoir raté ce concert !
Je suis furieux(se) qu'il me réponde ainsi !
Je suis malheureux(se)/triste.

 Après l'expression d'une émotion, on emploie un verbe au subjonctif.

8 À qui pourriez-vous écrire ces phrases dans une lettre ?

Exemple : 1 - b

1. Nous sommes au regret de devoir vous annoncer que votre candidature n'a pas été retenue.
2. Nous sommes ravis de savoir que tu t'amuses, mais nous aimerions que tu nous téléphones plus souvent.
3. Après tant de malentendus, je suis vraiment enchanté de renouer notre vieille amitié.
4. Je suis heureux de vous annoncer la naissance de Julien.
5. Mon amour, je suis triste que tu sois bloqué par ton travail à Moscou !

a. À votre fiancé en poste à l'étranger.
b. À un candidat pour un poste de travail.
c. À une vieille amie que vous n'avez pas vue depuis longtemps.
d. À votre fille qui est partie à l'étranger avec des amis.
e. À vos amis et à vos collègues.

9 *Associez chaque interjection à une réplique puis, à l'aide de la liste donnée, dites quels sentiments elles expriment.*

a. J'ai encore oublié mon rendez-vous chez le médecin !
b. Je ne savais pas que tu étais né en Algérie ?
c. Aller encore chez eux ? Ils ne sont pas très gais !
d. De la tarte Tatin ? Merci ,j'adore ça !
e. Elle a un nouveau fiancé !
f. C'est fini pour aujourd'hui !
g. Des escargots avec de la confiture !
h. On ne partira pas en Grèce cette année ?
i. Encore une émission idiote !
j. On a gagné !

interjection	réplique	sentiment
1. Chic!	X	la joie
2. Beurk!		
3. Tant pis !		
4. Hourra !		
5. Bof !		
6. Ça alors !		
7. Zut !		
8. Ouf		
9. Tiens, tiens…		
10. Ah ! là, là !		

10 *Complétez ces dialogues selon le modèle.*

Exemple : — Ça te dit, ce soir, d'aller au cinéma avec Irène et Jules ?
(il n'est pas libre ce soir, il est désolé, des cousins de province arrivent) :
→ — Je suis désolé de ne pas être libre, ce soir. Mes cousins d'Angers arrivent.

1. — Alors, tu ne peux pas acheter cette maison ?
(la banque n'a pas accordé le prêt, il est furieux) :

2. — J'ai entendu que ta fille a obtenu sa promotion.
(elle est maintenant chef de rayon, il est ravi) :

3. — Vous venez passer quelques jours de vacances chez nous en Bretagne, cet été ?
(son mari ne pourra pas prendre de vacances cet été, elle a peur) :

4. — Est-ce que ton fiancé viendra avec nous à Saint-Raphaël l'été prochain ?
(il peut prendre des vacances en juillet, elle est très contente) :

Écrire au courrier des lecteurs

11 Cette lettre adressée à la rubrique du courrier des lecteurs d'un magazine féminin a reçu deux réponses. Lisez la lettre et les deux réponses, puis indiquez en cochant la case correspondante, à laquelle des deux réponses s'applique chacune de ces affirmations.

✎ Chers lecteurs et lectrices, tous les étés, des amis très chers viennent passer les vacances avec nous dans notre maison en Bretagne. Nous sommes très contents de les recevoir, mais, de temps en temps, nous aimerions rester un peu seuls. C'est difficile de leur dire quelque chose parce que nous les aimons beaucoup. De plus, ils attendent leur deuxième enfant et, cette année, il n'y aura même pas assez de place chez nous pour tout le monde. Que faire ? Merci de nous donner quelques conseils.

Claude et Claudine
réf 234.889

✉ **1.** Dans le numéro 14 de votre journal, j'ai lu avec intérêt la lettre de Claude et Claudine (réf. 234.889). Je connais bien leur problème :

en effet, j'ai une maison en Corse et, tous les ans, des amis qui adorent la Corse venaient passer une ou deux semaines chez nous et, quand nous étions dix dans la maison, bonjour les vacances ! Mais, depuis l'année dernière, nous avons trouvé une solution. Nous allons en Corse en juillet pendant deux semaines. La première semaine, nous restons seuls et nos amis arrivent seulement la deuxième semaine pour passer quelques jours avec nous.

Il faudrait donc que vos lecteurs suivent notre exemple. Je leur promets que ça marche à merveille.

Marie-Sophie

✉ **2.** Nous nous référons à la lettre de Claude et Claudine (réf. 234.889) parue dans le numéro 14 de votre magazine.

Nous voudrions vous raconter notre expérience : chaque année, nous avions l'habitude de passer quelques jours chez des amis qui ont une jolie ferme dans la campagne normande. C'était très sympathique, mais, par moments, nous avions envie de rester seuls.

Or, il y a deux ans, nous avons trouvé, juste à côté de la ferme de nos amis, une petite maison en location et nous l'avons louée pour toute l'année.

Il faudrait donc que vos lecteurs aussi cherchent une petite maison en location à côté de la leur et qu'ils proposent à leurs amis de la louer.

C'est sûr, tout le monde sera très content.

Des lecteurs fidèles

	Réponse n°1	Réponse n°2
1. Depuis deux ans, les amis ne passent pas leurs vacances dans leur maison.		X
2. Les auteurs de la lettre sont propriétaires d'une maison à la mer.		
3. Les amis ont une famille très nombreuse.		
4. Leurs amis restent chez eux une semaine.		
5. Ils ont loué une maison.		
6. Pour leur vacances, ils ont choisi le mois de juillet.		

12 Un lecteur a répondu
à la lettre de Claude
et Claudine par cette
photo avec légende.
Après avoir observé
la photo et lu la
légende, répondez
aux questions sui-
vantes :

Pour dissuader l'envahisseur, montrez une photo de votre maison prise en septembre, avant les travaux.

1. En quelle saison la photo a-t-elle été prise ?

....

2. Pourquoi la maison est-elle en si mauvais état ?

....

3. Quel sentiment exprime le couple ?

....

4. Pourquoi le lecteur conseille-t-il à Claude et Claudine d'envoyer cette photo à leurs amis ?

....

5. Qu'est-ce que vous pensez de cette idée ?

....

13 Lisez la deuxième lettre de l'exercice 11, puis complétez le tableau "Écrire au courrier des lecteurs".

Écrire au courrier des lecteurs

1. rappeler les références de la lettre	→	1. Dans le n° 14 de votre journal, j'ai lu avec intérêt la lettre de Claude et Claudine (réf. 234.889).
		2. ....
2. exposer son point de vue ou décrire son expérience personnelle	→	1. Je connais bien leur problème : en effet...
		2. ....
3. exposer les solutions possibles	→	1. Mais, depuis l'année dernière, nous avons trouvé une solution.
		2. ....
4. conseiller les lecteurs	→	1. Il faudrait donc que vos lecteurs suivent notre exemple.
		2. ....
5. signer la lettre	→	1. Marie-Sophie
		2. ....

14 *Choisissez une de ces lettres du magazine «Copains» et répondez-y en vous aidant des lettres des exercices précédents.*

Je me réfère à la lettre ....

....

....

....

....

....

15 *Voici des photos d'objets typiquement français et une liste de parents et amis à qui vous voudriez rapporter de France un petit cadeau. Choisissez, pour chacun, le cadeau que vous aimeriez lui offrir.*

1. à votre femme/mari (34 ans) : _____
2. à Chantal, votre fille (8 ans) : _____
3. à Henri, votre fils (15 ans) : _____
4. à vos parents (70 et 71 ans) : _____
5. à votre sœur et à son mari (30 et 32 ans) : _____
6. à Pierre, un collègue de bureau (40 ans) : _____
7. à votre amie Valentine (35 ans) : _____
8. à votre chef (54 ans) : _____

16 *Trouvez, pour chacun de ces dessins, la légende correspondante.*

LES ÉBOUEURS

Légende n° : ☐

LA GARDIENNE

Légende n° : ☐

LE FACTEUR

Légende n° : ☐

LA FEMME DE MÉNAGE

Légende n° : ☐

Légende n° 1 : Elle s'occupe souvent de vos plantes ou de vos chats quand vous partez en vacances. N'oubliez pas de lui montrer votre reconnaissance en lui donnant une petite enveloppe pour Noël. Combien ? Au moins 200 francs.

Légende n° 2 : Elle fait un peu partie de votre famille, il est normal, donc, de lui offrir un petit cadeau pour Noël. Quoi ? Si vous ne voulez pas lui donner de l'argent, achetez-lui un cadeau personnel, par exemple, un foulard ou un parfum.

Légende n° 3 : Si votre rue est propre, c'est grâce à ceux. S'ils passent avant Noël vous présenter leurs vœux, donnez-leur au moins 30 francs pour les remercier de leurs services.

Légende n° 4 : À Noël, les gens écrivent plus et son travail augmente. S'il frappe donc à votre porte en vous présentant ses vœux et en vous offrant un joli calendrier, n'hésitez pas à lui donner des étrennes pour le remercier. En général, les gens lui donnent 50 francs.

17 *Choisissez la bonne réplique pour chaque dialogue.*

1. — Bon anniversaire, mon petit, voici notre cadeau, j'espère qu'il te plaira !
   — ....

2. — ....
   — Oh, mon amour, tu n'oublies jamais notre anniversaire !

3. — ....
   — Oh, ma chèrie, tu penses toujours à ta maman, merci !

4. — J'espère que vous aimez les chocolats !
   — ....

5. — Allô, Chantal, c'est Marc. Dis, ne rentre pas trop tard ce soir, j'ai une surprise pour toi.
   — ....

> — Oh, chouette, tu sais que j'adore les surprises !
> — Oh, mamie, c'est justement le CD-ROM que je voulais, merci, merci, merci !
> — Oh, merci, madame Rissais, il ne fallait pas !
> — Bonne fête des Mères, maman !
> — Un petit cadeau pour le plus grand amour de ma vie !

Phonie - graphie
Présent de l'indicatif et présent du subjonctif

18 *Écoutez ces phrases et soulignez le verbe que vous entendez.*

Indicatif	Subjonctif
Exemple <u>ils veulent</u>	1. ils veuillent
1. nous allons	2. nous allions
2. j'ai	3. j'aie
3. vous arrivez	4. vous arriviez
4. nous étudions	5. nous étudiions
5. vous choisissez	6. vous choisissiez

19 *Écoutez et complétez cette lettre puis lisez-la.*

Chère Elizabeth,
Je _____ (1) te dire tout de suite ce qui m' _____ (2) en ce moment : depuis lundi, j' _____ (3) un nouveau travail comme réceptionniste d'un grand hôtel. Le directeur _____ (4) très exigeant : il faut que je _____ (5) ponctuelle, que j' _____ (6) les clients et que je m' _____ (7) du courrier. C'est un travail que j' _____ (8) beaucoup parce que je _____ (9) rencontrer des gens de tous les pays et le temps _____ (10) très vite. Par contre, une mauvaise nouvelle : je travaillerai pendant l'été, donc, il _____ (11) qu'on _____ (12) une autre période pour notre voyage. Et si nous partions en septembre ?
Réponds vite. Je t' _____ (13) très fort
Nathalie
P.-S. Il _____ (14) que tu m' _____ (15) ton adresse électronique.

Unité 3
Les amours

1 *Faites correspondre les réactions possibles aux différentes situations dans une relation amoureuse. Puis, en vous concertant avec les autres étudiants, attribuez une note à chaque réaction.*

Situations

Situation 1 : la rencontre
La nouvelle année vient d'arriver et vous êtes encore seul. Tous vos copains sont mariés et toutes vos copines aussi. Votre mère ne vous accueille plus qu'avec cette phrase : «J'aimerais bien que tu trouves chaussure à ton pied, mon chéri». Mais comment faire pour rencontrer la femme de votre vie ?

Situation 2 : le contact
Ça y est, vous avez vu la femme de vos rêves. Il faut vous décider, juste une phrase pour amorcer la conversation. Laquelle ?

Situation 3 : connaître ses coordonnées
Il vous faudrait son numéro de téléphone personnel, mais comment faire ?

Situation 4 : la présentation à la famille
C'est merveilleux ce qui vous arrive, elle vous aime, vous l'aimez, vous étiez faits pour vous rencontrer ! Un petit problème : ce soir, vous avez une soirée familiale. Vont-ils l'accepter ? Va-t-elle les trouver sympas ? Alors comment la présenter en douceur ?
Voilà une soirée qui peut tourner à la catastrophe.

Situation 5 : on signe pour la vie.
C'est décidé, vous voulez l'épouser. Vous irez voir Venise ou, si c'est trop cher, Disneyland Paris ! Vous souhaiteriez avoir des enfants, une maison. Tout ceci est fort bien. Mais il faut du courage pour faire sa demande en mariage. Alors comment vous y prenez-vous ?

Réactions

A
- Vous sortez le grand jeu : dîner aux chandelles. Vous glissez dans son verre de champagne l'alliance que vous lui proposez .
- Vous lui dites : «Tu sais, je commence à me faire vieux, j'ai pas envie de finir ma vie tout seul, ça te dirait de m'épouser ? Ça serait sympa.»
- Vous lui déclarez : «Chérie , si on se mariait, ça nous ferait économiser combien sur les impôts ?»

B
- Vous passez une petite annonce : «jeune homme, riche, drôle et fort cherche femme idéale pour moments de rêve».
- Vous vous promenez dans les rayons du supermarché du quartier, prêt à discuter du rapport qualité/prix des petits pois avec la première inconnue.
- Vous demandez à votre copain Rémy de vous présenter les amies de sa fiancée.

C
- Vous percutez sa voiture pour avoir son numéro sur le constat.
- Vous cherchez sa *home page* sur Yahoo.
- Vous lui volez son sac.

D
- Mon nom est Bond, James Bond.
- Vous habitez chez vos parents ?
- Mais, dites donc, on s'est pas déjà vus quelque part ?

E
- Vous la laissez à la cuisine aider votre mère et vous discutez de choses sérieuses avec les hommes de la famille.
- Vous avez demandé à vos parents d'éviter toutes discussions difficiles : les conversations sur la politique, la religion, sa vie privée sont interdites. Après trois heures de silence pesant, elle vous glisse à l'oreille : «Ils sont marrants tes parents !».
- Vous parlez de ses qualités, votre mère montre une photo de vous bébé, votre père l'invite pour la semaine prochaine. Après la soirée, vous lui offrez des fleurs.

Situation	1	2	3	4	5
Réaction	B				

2 *Voici des définitions de comportements amoureux. À l'aide de l'encadré, trouvez les expressions correctes.*

> **Lexique :**
> Tomber amoureux(se), avoir le coup de foudre, faire la cour / draguer (fam), faire les yeux doux à sa fiancée, embrasser son / sa petit(e) ami(e), sortir avec quelqu'un, rompre

1. .... : avoir une relation amoureuse avec quelqu'un.
2. .... : donner des baisers.
3. .... : chercher à plaire à quelqu'un.
4. .... : interrompre une relation amoureuse.
5. .... : éprouver un sentiment d'attraction brusque et violent.
6. .... : être attiré(e) par quelqu'un d'un point de vue sentimental.
7. .... : regarder tendrement quelqu'un.

Grammaire
Le conditionnel présent

3 *Lisez cette conversation, puis, à l'aide des verbes en caractères gras, complétez le tableau : "Le conditionnel présent".*

— Dites donc, ça vous **dirait** d'aller voir l'expo de Monet ?

— Moi, j'**aimerais** bien ! Mais les enfants, ils **pourraient** venir ? Tu crois que ça **pourrait** les intéresser ?

Le conditionnel présent

1. Il se forme comme le **futur simple** mais avec les finales de l' .... : ais, ais, ..., ions, iez ....

Aimer	Pouvoir
J'aimer.......	Je pourr.......
Tu aimer.......	Tu pourr.......
Il/elle/on aimer.......	Il/elle/on pourr.......
Nous aimer.......	Nous pourr.......
Vous aimer.......	Vous pourr.......
Ils/elles aimer.......	Ils/elles pourr.......

2. Le conditionnel permet de (d') :

Exprimer un souhait	**Demander poliment**
J'aurais bien envie de connaître ton ami.	Vous pourriez me dire où est l'arrêt du bus 22 ?
Proposer	**Conseiller**
Ça te dirait un dîner en amoureux ?	Il faudrait que tu sois plus tolérant.

Écoutez, dites ce qu'expriment ces personnes en cochant la grille, puis écrivez les verbes employés au conditionnel.

	1	2	3	4
Exprimer un souhait				
Proposer	X			
Demander poliment				
Conseiller				
Verbe au conditionnel	diriez-vous			

5 *Écrivez ce que vous voudriez être (expressions de la colonne de gauche) et pour quoi faire (suggestions de la colonne de droite).*

> **Exemple :** J'aurais bien envie d'être Président de la République pour changer les lois de mon pays.

un poisson
un chat
miss Monde
un champion
un président de la république
un savant

devenir célèbre
faire des découvertes scientifiques
être toujours dans la mer
avoir des caresses
recevoir des médailles
changer les lois de son pays

6 *Faites deux propositions à ces personnes en utilisant les expressions données.*

> **Exemple :** à une amie, difficile pour la nourriture.
> → Ça te plairait d'aller manger chinois ? Non ? Alors, on pourrait aller dans un restaurar végétarien, ça te dit ?

1. à votre sœur qui va se marier et qui veut un grand mariage
2. à votre patron qui hésite sur le lancement d'une nouvelle campagne publicitaire pour une crème solaire
3. à votre fiancé(e) qui ne sait jamais quoi faire le samedi soir
4. à votre mère qui ne sait pas quoi offrir à votre père
5. à une cliente de votre magasin qui, depuis deux heures, regarde une jupe et un pantalon

Aimerais-tu...
Voudriez-vous...
Que diriez-vous de...
Ça vous plairait de...
On pourrait...
Préférerais-tu...

7 *Associez ces questions aux conseils donnés. Puis, à votre tour, donnez un conseil à ces personnes.*

a. — Un travail, oui, j'aimerais bien, mais je n'ai aucune expérience.
b. — Demain, je vois les parents de mon petit ami, qu'est-ce que je dois mettre ?
c. — Je lui ai déjà refusé un rendez-vous, comment lui en refuser encore un ?
d. — Vite, une idée sympa pour la fête de mes 40 ans !
e. — J'en peux plus. Les enfants, le boulot, le chien, les courses, les parents !

1. — Moi, à ta place, je ferais un grand pique-nique au bord de la mer avec un feu d'artifice !
2. — Pour leur plaire, il faudrait que tu aies l'air chic mais pas trop, une veste et un pantalon, un petit foulard pour compléter et pas trop de maquillage !
3. — Vous devriez prendre contact avec l'ANPE, ils ont des consultants qui donnent des conseils sur des stages de formation.
4. — Il serait nécessaire que vous preniez des vacances, ou alors, vous pourriez envoyer tout votre petit monde à la campagne pendant une semaine !
5. — Si j'étais vous, je lui dirais de téléphoner la semaine prochaine car vous êtes malade et donc dans l'impossibilité de vous engager pour cette semaine !

question	a	b	c	d	e
conseil	3				

8 *Répondez par écrit à ces personnes qui vous ont laissé des messages.*

Paris,
le 25/02/00

Monsieur,

J'ai bien reçu votre brochure sur l'Inde. Merci, mais j'aimerais avoir de votre part d'autres propositions moins chères.
Merci de me répondre.

❶

Ma copine adorée,
Dis-moi ce que je dois faire. Paul voudrait acheter une maison, mais celle qu'on a vue est trop chère pour nous et cela m'angoisse pour l'avenir ! Que ferais-tu à ma place ?
Bisous xxx

❷

Rouen, le 14·05

Mon grand fiston,
Bientôt tu vas passer ta maîtrise, alors, je voudrais te faire plaisir. Qu'aimerais-tu faire pour fêter la fin de tes études ? Ta maman et ton papa seraient ravis de te faire plaisir !
Papa maman

❸

Réponse à la lettre 1 : ....

Réponse à la lettre 2 : ....

Réponse à la lettre 3 : ....

Exprimer ses sentiments

Écoutez et, à l'aide du tableau "Exprimer ses sentiments", complétez les bulles de ces dessins et dites ce qu'éprouvent ces deux amoureux.

La jeune femme exprime : ....

Le jeune homme exprime : ....

Exprimer ses sentiments

Le souhait	La volonté	Le doute
Je souhaite / j'aimerais / je désire / je voudrais qu'ils puissent accepter ma proposition.	**Je veux / j'exige / j'interdis / je demande / je propose** que vous preniez le premier train pour Paris !	**Je ne pense pas / je ne crois pas / ça m'étonnerait / je doute** que ce soit une bonne idée.
Il aimerait partir à la montagne avec moi.	**Ils veulent** regarder cette cassette vidéo. **Nous proposons** de terminer ce travail pour ce soir.	**Je ne pense pas** l'inviter à la campagne.

🔔 Après l'expression des sentiments, on emploie un verbe au subjonctif :
→ Je voudrais qu'il y **ait** du soleil demain.

Écoutez et trouvez quels sont les sentiments exprimés par ces personnes en complétant la grille selon le modèle.

	le souhait	la volonté	le doute
1			X
2			
3			
4			
5			
6			

11 *Dites qui pourrait prononcer ces répliques et imaginez la situation.*

Exemple : — Merci, je veux bien que tu m'aides. L'informatique, je n'y comprends rien, c'est bien d'avoir des copains en cas de besoin.
→ Une personne qui a des problèmes avec un ordinateur et qui aimerait bien être aidée par un ami.

1. La prochaine fois, j'exigerai que les enfants rentrent avant minuit ! Moi, je ne dors pas quand je suis inquiète !
2. Elvire, tu sais, cela m'étonnerait que l'architecte finisse notre maison à temps !
3. Absolument pas ! Madame Oliver, vous êtes malade et je vous interdis de faire du footing, c'est trop violent comme sport. Prenez les médicaments que je vous ai prescrits et c'est tout !
4. Comme je désirerais que tu m'offres un chien, mamounette, sois gentille ! Je m'en occuperai, promis !
5. Oh ! Comme je voudrais que mon patron m'apprécie, qu'il m'accorde une augmentation, qu'il veuille bien que je prenne mes vacances en juillet et qu'il accepte mon article sur les loisirs des Européens !

12 *Que peuvent-ils dire ? Exprimez les sentiments de ces personnes.*

Exemple : Marianne est toujours seule le dimanche. Elle exprime un souhait.
→ J'aimerais que mes amis viennent me voir et qu'on sorte ensemble.

1. Votre mari vous parle de vos dépenses vestimentaires. Il exprime un souhait.

2. Vous désirez changer de travail mais une autre collègue a demandé le même poste que vous. De plus, elle a plus de diplômes et d'expérience. Vous exprimez vos doutes.

3. Votre professeur de gymnastique explique le règlement du gymnase (interdiction de fumer, horaires à respecter, obligation de porter des chaussures spéciales). Il exige de ses élèves toute une série de comportements.

Une lettre d'amour

13 Lisez cette lettre d'amour de Jean-Paul Sartre (philosophe, romancier) à Simone de Beauvoir (écrivain, essayiste) et retrouvez-en les différentes parties.

> *Mon cher cher amour, vous ne pouvez pas savoir comme je pense à vous à toute heure du jour, dans tout ce monde qui est rempli de vous. Quelquefois vous me manquez et j'ai un peu de peine (un tout petit petit peu). D'autres fois, je suis tout heureux de penser que le Castor existe et s'achète des marrons et se balade : jamais votre pensée ne me quitte et je fais de petites conversations avec vous dans ma tête. À propos, j'ai réfléchi que vous devriez venir pour la Toussaint. C'est un dimanche, mais on a très sûrement le lundi. Or, vous n'avez pas cours le mardi...*

Extrait de "Lettres à Simone", J.P. Sartre, Ed. Gallimard

1. Formule d'appellation : mon cher amour..

2. Description des sentiments de l'auteur : ....

3. Portrait de Simone de Beauvoir : ....

4. Souhaits et suggestions de Jean-Paul Sartre : ....

Écrire une lettre d'amour

Formules d'appellation : Mon chéri, Ma chérie, Mon amour, Mon petit canard...

Objet de la lettre : tu es absente mais..., je ne te vois plus et..., j'ai envie de te dire...

Sentiments de l'auteur de la lettre (son état, ses émotions) : je me sens triste..., je suis heureux..., tu me manques..., je pense à toi...

Portrait de la personne à qui l'on écrit : toi qui es si beau (belle)..., tu es exceptionnel(le) quand tu fais ou dis...

Propositions : j'ai envie de..., j'aimerais te voir..., pourquoi ne faisons-nous pas...?

Formules finales : Tendrement, Bisous, Tendres baisers, Je t'embrasse avec amour...

14 Complétez cette lettre d'amour.

Mon ange, mon amour, ma passion, ma douceur, mon petit nuage,

Il fait beau, je pense à toi et je suis comme un poisson dans l'eau avec mes rêves et j'ai plaisir à t'imaginer sur ta terrasse ou à la mer. Je te vois en train de dorer sous les rayons du soleil, un livre à la main que tu ne lis pas, car tu rêves comme moi ....

Comme je voudrais que nous ....

Je ne crois pas que ....

J'ai peur que tu ....

Je suis ravi(e) que tu ....

Je souhaite que nous ....

Que de sentiments j'éprouve pour toi, tu me permets d'exister, je ne sais plus si je mange, si je marche, si je respire. Je sais que je t'aime d'un amour insensé, sans nom, sans fin, sans limites .

Je t'embrasse doucement et me dépêche de terminer ce mot pour te l'expédier au plus vite.

Ton ange gardien, ton amour (n'est-ce pas ???!!!)

15 Voici des couples imaginaires. Par groupes de deux, rédigez leur première lettre d'amour (lui à elle et vice-versa), à l'aide du tableau "Écrire une lettre d'amour".

1. Cléôpatre et Astérix
2. Batman et Sophie Marceau
3. Tarzan et Catherine Deneuve
4. Napoléon et la reine d'Angleterre

16 *Lisez ces documents et relevez tous les mots ou expressions liés à la famille.*

Exemple : famille, grand-mère, mariage...

Les nouveaux visages de la famille française

- Quatre enfants sur dix naissent hors mariage, soit deux fois plus qu'en 1985
- L'union libre est devenue un "mode de vie durable", selon l'Institut National des Études Démographiques
- La France est un des pays d'Europe où l'on se marie le moins.

LA FAMILLE FRANÇAISE n'en finit pas de changer. La France fait partie des pays où le mariage est devenu le plus rare en Europe, juste derrière le Finlande, la Norvège et la Suède. La proportion des naissances hors mariage ne cesse d'augmenter : 6% du total des naissances en 1967, 20% en 1985, 40% en 1997. Plus de la moitié des femmes (53%) qui mettent le premier enfant au monde ne sont pas mariées. Tels sont les principaux résultats du rapport annuel de l'institut national d'études démographiques. Selon l'INED, le trait majeur de la vie en couple est aujourd'hui l'installation de l'union libre comme "mode de vie durable". Parmi les couples de concubins qui se sont formés en 1990, 30% sont encore en union libre près de dix ans plus tard. Pour l'INED, le mariage a cessé d'être "l'acte fondateur du couple"

Le Monde, 9/12/99.

On peut compter sur la famille

Répartition par type d'aide apporté par les Français à leur entourage au cours des douze derniers mois (en pourcentage).

- Jardinage, bricolage **11%**
- Soutien scolaire aux petits-enfants **8%**
- Soutien moral **24%**
- Don d'argent **10%**
- Démarches administratives **9%**
- Garde d'enfants **7%**
- Courses **18%**
- Autres **6%**
- Ménage, cuisine, linge **7%**

Source : « Famille, je vous aide », Insee 1999.

Le chiffre de la semaine

22 ans,
c'est à cet âge que les garçons quittent la maison

Les filles, elles, s'envolent du nid à 20 ans et demi. Mais pendant ce temps, que font leurs parents ? Une fois "libérés", ils arrêtent de travailler et prennent du bon temps. Leurs sentiments profonds ? 8 sur 10 sont parfaitement heureux de cette prise d'indépendance mais ils sont aussi 3 sur 4 à se plaindre du vide qui a suivi le départ de leurs petits. Sniff...

Source Insee

❸

Top infos

C'est la fête des grands-mères !

Elles sont sept millions ! Le 7 mars, toutes celles qui le désirent pourront participer à l'élection de le supermamie, dans toutes les grandes villes de France... Programmes sur le 3615 code Fête des Grand-mères. A lire, "Grand-parents : la famille à travers les générations", par Claudine Attias-Donfut et Martine Seaglen, éditions Odile Jacob.

❹

17 *Relisez chaque document et répondez aux questions.*

Document 1
1. Quelles sont les quatre idées principales de cet article ?
2. Quels sont les pays eurpéens cités dans l'article ?

Document 2
1. Quelle est l'aide la plus importante que les Français apportent à leur entourage ?
2. Quelle est celle qui est la moins importante ?

Document 3
1. À quel âge les jeunes français partent-ils de chez eux ?
2. Que font leurs parents après leur départ ?

Document 4
1. Comment appelle-t-on les grand-mères en France ?
2. Dans quelles villes la fête va-t-elle se dérouler ?

Les nasales

Unité 3

18 *Écoutez et cochez la phrase entendue.*

Exemple : ☒ Ils se mettent en rang
☐ Ils se mettent en rond.

1. ☐ Donnez-lui un an.
☐ Donnez -lui un nom.

4. ☐ Par instants, il est calme.
☐ Par instinct, il est calme.

2. ☐ Ils sont bons.
☐ Il sent bon.

5. ☐ C'est beau, les Indes !
☐ C'est beau, les Andes !

3. ☐ Il y a beaucoup de plantes.
☐ Il y a beaucoup de plaintes.

6. ☐ Il a des gains énormes.
☐ Il a des gants énormes.

19 *Écoutez, cochez les sons entendus puis lisez ces proverbes.*

		[ɛ̃]	[ã]	[ɔ̃]
1.	La fin justifie les moyens.	X		
2.	À l'impossible nul n'est tenu.			
3.	Bien faire et laisser dire.			
4.	Autant en emporte le vent.			
5.	Chacun pour soi et Dieu pour tous.			
6.	Plus on est de fous plus on rit.			
7.	Rira bien qui rira le dernier.			
8.	Un tiens vaut mieux que deux tu l'auras.			

20 *Écoutez, complétez, puis lisez ces phrases.*

1. Lé............... se tr...............pe souv...............t de tr............... .
2. .... , il y a eu b............... des ch...............gem...............ts.
3. Luc............... a ....vie de p............... pour s............... déjeuner.
4. ....s'est tr...............pé .... calcul...............t.
5. ....f............... , ... repart ....gleterre avec nos amis chil...............s
6. Nous resse...............t s s............... ....différ...............ce.

Oral

1 *Observez cette photo puis décrivez-la.*

1. Qui sont les personnages ?
2. Que font-ils ?
3. Où sont-ils ?
4. Quels sentiments expriment-ils ?

Écrit

2 *Voici, dans la colonne de gauche, les résultats d'un sondage sur l'amitié. Dans la colonne de droite, les questions qui ont été posées aux interviewés. Lisez-les et, pour chacune des phrases, trouvez la question correspondante, puis complétez la grille selon le modèle.*

PHRASES

a. Plus on grimpe dans la hiérarchie, plus on a d'amis.
b. L'amitié suit l'amour de près et surpasse le travail et l'argent.
c. Il est assez difficile de se faire des amis et l'anonymat des grandes villes est une des causes de cette difficulté.
d. Quitter un travail pour sauver une amitié est possible pour un certain nombre d'interviewés.
e. Si aujourd'hui l'amitié a pris une place aussi importante dans la vie des hommes, c'est parce qu'elle répond à leurs besoins de communication.

QUESTIONS

1. Pouvez-vous me dire, parmi le travail, l'argent, l'amitié, l'amour et l'honnêteté, quelle est la valeur qui compte le plus pour vous ?
2. Selon vous, l'amitié participe-t-elle à votre équilibre personnel beaucoup, assez, peu ou pas du tout ?
3. Pensez-vous que se faire des amis aujourd'hui c'est très facile, assez facile, assez difficile ou très difficile ?
4. Combien de vrais amis avez-vous ?
5. Que seriez-vous prêt à faire pour conserver un bon ami ?

phrase	a	b	c	d	e
question	4				

3 *Voici comment des jeunes de moins de 35 ans ont répondu à deux questions du sondage. Lisez ces résultats, puis répondez aux trois questions ci-dessous.*

1. Pouvez-vous me dire, parmi les cinq grandes valeurs suivantes, celle qui compte le plus pour vous ?	
La famille	51%
L'amour	19%
L'amitié	16%
Le travail	9%
L'argent	4%
Ne se prononcent pas	1%
Total	100%

2. Que seriez-vous prêt à faire pour conserver un bon ami ?	
Mettre une croix sur vos idéaux	40%
Sacrifier une relation amoureuse	20%
Quitter un travail	13%
Ne plus voir votre famille	2%
Rien de tout cela	25%
Total	100%

1. Pour 51% des jeunes qui ont répondu à la première question, la famille est la valeur qui compte le plus. Et pour vous ?
....

2. Le travail (9%) et l'argent (4%) sont moins importants que l'amitié (16%). Est-ce que ce résultat vous surprend ?
....

3. Seriez-vous prêt à sacrifier une relation amoureuse pour conserver un bon ami, comme 20% des jeunes qui ont répondu à la deuxième question ?
....

Travailler avec le CD audio

Unité 1

Les voisins

Activité 1 P. 6 Exercice 1
1. Mais enfin, il y en a assez, vous allez finir quand ?
2. Toutes mes félicitations et tous mes vœux de bonheur !
3. Les enfants, ça suffit !
4. Vos grands-parents sont en train de se reposer, eux !
5. Tu viens de terminer les travaux tout seul ?

Activité 2 P. 7 Lexique
1. J'aime mon immeuble.
2. Au rez-de-chaussée, il y a la loge du concierge.
3. Sur mon palier, il y a quatre appartements.
4. M. Leduc habite au cinquième étage.
5. Mes voisins sont très sympathiques.
6. Cet ascenseur est très moderne.
7. Le concierge m'a apporté un télégramme.
8. Vérifie s'il y a du courrier dans ma boîte aux lettres.

Le présent progressif, le passé récent, le futur proche

Activité 3 P. 7 "Le présent progressif, le passé récent et le futur proche"
1. Je viens de rentrer chez moi !
2. Écoute, je te rappelle, je suis en train de manger !
3. Bon, on va terminer ce travail, oui ou non ?

Activité 4 P. 8 Exercice 6
1. Elles viennent de visiter le Maroc.
2. Elles sont en train de récupérer leurs valises.
3. Elles vont passer la douane.
4. Elles vont reprendre leur travail.

Féliciter / Reprocher

Activité 5 P. 9 "Féliciter"
1. Je suis très heureux pour toi !
2. Je vous félicite !
3. Toutes mes félicitations !
4. Bravo !
5. Il y a de quoi être contente !

Activité 6 P. 9 "Reprocher"
1. Je te reproche d'avoir fait cela.
2. Tu ne devrais pas te comporter ainsi !
3. Comment osez-vous ?
4. Tu es insupportable !
5. J'en ai marre, y en a assez !
6. Dis donc, tu ne crois pas que tu exagères ?
7. Ça suffit !
8. Ce n'est plus possible !

Activité 7 P. 10 Exercice 9
1. Toutes mes félicitations, Charles !
2. Je suis très heureux pour ta promotion.
3. J'en ai marre : tu oublies toujours mon anniversaire.
4. Je te reproche d'avoir encore oublié mon cadeau.

Quelques verbes différents au singulier et au pluriel

Activité 8 P. 14 "Quelques verbes différents au singulier et au pluriel"
1. Il finit, ils finissent.
2. Il lit, ils lisent.
3. Il sort, ils sortent.
4. Il entend, ils entendent.
5. Il écrit, ils écrivent.
6. Il dort, ils dorment.
7. Il prend, ils prennent.

Unité 2

Les rencontres

Activité 1 P. 15 Exercice 1
1. Si tu ne comprends pas quelque chose, il faut que tu le dises.
2. Je suis folle de joie quand je joue !
3. Comme c'est intéressant !
4. Il faut que tu me montres tes tableaux.
5. Tu es gentille de me dire ça.
6. Chic ! On est invités chez Ben !

Activité 2 P. 16 Lexique
1. Nous avons déjà fait connaissance.
2. Nous échangeons beaucoup d'idées.
3. Avec mes amis, je fais des projets intéressants.
4. Toi et moi, nous partageons les mêmes souvenirs.
5. On ne se disputera jamais.

Le subjonctif

Activité 3 P. 16 "Le subjonctif"
1. Il faut que je présente Pierre à ma famille.
2. Il faut que nous présentions Régine à nos amis.
3. Il faut que vous présentiez cette dame à nos voisins.
4. Il faudrait qu'il choisisse un programme de télévision.
5. Il faut que vous arriviez à l'heure.

Activité 4 P. 17 "Le subjonctif : formes particulières"
1. Que j'aie, que nous ayons, qu'ils aient.
2. Que je sois, que nous soyons, qu'ils soient.
3. Que je puisse, que nous puissions, qu'elles puissent.
4. Que je veuille, que nous voulions, qu'ils veuillent.
5. Que je sache, que nous sachions, qu'elles sachent.
6. Que j'aille, que nous allions, qu'elles aillent.
7. Que je fasse, que nous fassions, qu'ils fassent.
8. Que j'étudie, que nous étudiions, que vous étudiiez.

14 **Activité 5** P. 17 Exercice 6
1. Il faut que j'achète un bouquet de fleurs.
2. Il faut que je sois à l'heure.
3. Il ne faut pas que je raconte toute ma vie pendant le repas.
4. Il faut que je lui dise de faire attention.
5. Il ne faut pas que nous sortions notre service en cristal.
6. Il ne faut pas que nous le laissions seul dans la cuisine.

Exprimer ses émotions

15 **Activité 6** P. 18 "Les émotions positives"
1. Chic, comme je suis contente !
2. Je suis enchanté que vous puissiez venir ce soir !
3. Je suis ravie qu'on ait pris cette décision !
4. Je me sens fier de toi !
5. Je suis folle de joie qu'il me fasse rencontrer ses parents.
6. Hourra, ils ont gagné !

16 **Activité 7** P. 18 "Les émotions négatives"
1. J'ai peur que cela ne réussisse pas.
2. Je suis désolée de vous quitter si vite !
3. Zut, je suis déçu d'avoir raté ce concert !
4. Je suis furieux qu'il me réponde ainsi !
5. Je suis triste d'apprendre cette mauvaise nouvelle !

17 **Activité 8** P. 19 Exercice 10
1. Je suis furieux que ma banque ne m'ait pas accordé un prêt.
2. Je suis ravie qu'elle soit maintenant chef de rayon.
3. Oh ! là, là ! j'ai peur que mon mari ne doive travailler pendant tout l'été.
4. Chic, je suis très contente qu'il puisse prendre des vacances en juillet.

Présent de l'indicatif et présent du subjonctif

18 **Activité 9** P. 25 Exercice 18
1. Je sais qu'ils veulent une augmentation de salaire.
2. Il vaut mieux que nous allions au cinéma à 22 heures.
3. Tu sais bien que j'ai un beau livre sur les animaux.
4. Il serait bon que vous arriviez avant Paul.
5. Depuis cette année, nous étudions à l'université.
6. Il est important que vous choisissiez bien votre voiture.

Unité 3

Les amours

19 **Activité 1** P. 26 Exercice 1
1. Il vous faudrait son numéro de téléphone personnel.
2. Vous souhaiteriez avoir des enfants.
3. Ça te dirait de m'épouser ?
4. Ça serait sympa.

20 **Activité 2** P. 27 Lexique
1. Il est tombé amoureux de Clémentine.
2. J'ai eu le coup de foudre.
3. Il me fait la cour.
4. Ah, Jean-Philippe, il drague tout le temps.
5. Il fait les yeux doux à sa fiancée.
6. Il embrasse sa petite amie.
7. Elle voudrait sortir avec Armand.
8. Ils ont rompu.

Le conditionnel présent

21 **Activité 3** P. 27 "Le conditionnel présent"
1. J'aimerais une glace.
2. Nous aimerions partir.
3. Ils aimeraient savoir dessiner.
4. Je pourrais le faire.
5. Il pourrait nous répondre.
6. Vous pourriez ouvrir la porte ?
7. J'aurais bien envie de connaître ton ami.
8. Ça te dirait de dîner en amoureux ?
9. Vous pourriez me dire où est l'arrêt de l'autobus 22 ?
10. Il faudrait que tu sois plus tolérant.

22 **Activité 4** P. 28 Exercice 6
1. Ça te dirait de réserver un château pour la réception ?
2. On pourrait contacter cette nouvelle agence publicitaire.
3. Ça te plairait d'aller dîner au bord de la mer ?
4. Tu n'aimerais pas lui acheter un portefeuille ?

Exprimer ses sentiments

23 **Activité 5** P. 30 "Exprimer ses sentiments"
1. Je souhaite qu'il puisse accepter ma proposition.
2. Il aimerait partir à la montagne avec moi.
3. J'exige que vous preniez le premier train pour Paris.
4. Ils veulent regarder cette cassette vidéo.
5. Nous proposons de terminer ce travail pour ce soir.
6. Ça m'étonnerait que ce soit une bonne idée.
7. Je ne pense pas l'inviter à la campagne.
8. Je voudrais qu'il y ait du soleil demain.

24 **Activité 6** P. 31 Exercice 12
1. J'aimerais beaucoup que tu surveilles tes dépenses.
2. Je ne crois pas qu'elle soit aussi compétente que moi.
3. J'exige que vous ne fumiez pas pendant les heures de cours.

Les nasales

25 **Activité 7** P. 35 Exercice 18
1. Donnez-lui un an.
2. Il sent bon.
3. Il y a beaucoup de plaintes.
4. C'est beau, les Andes.
5. Il a des gants énormes.

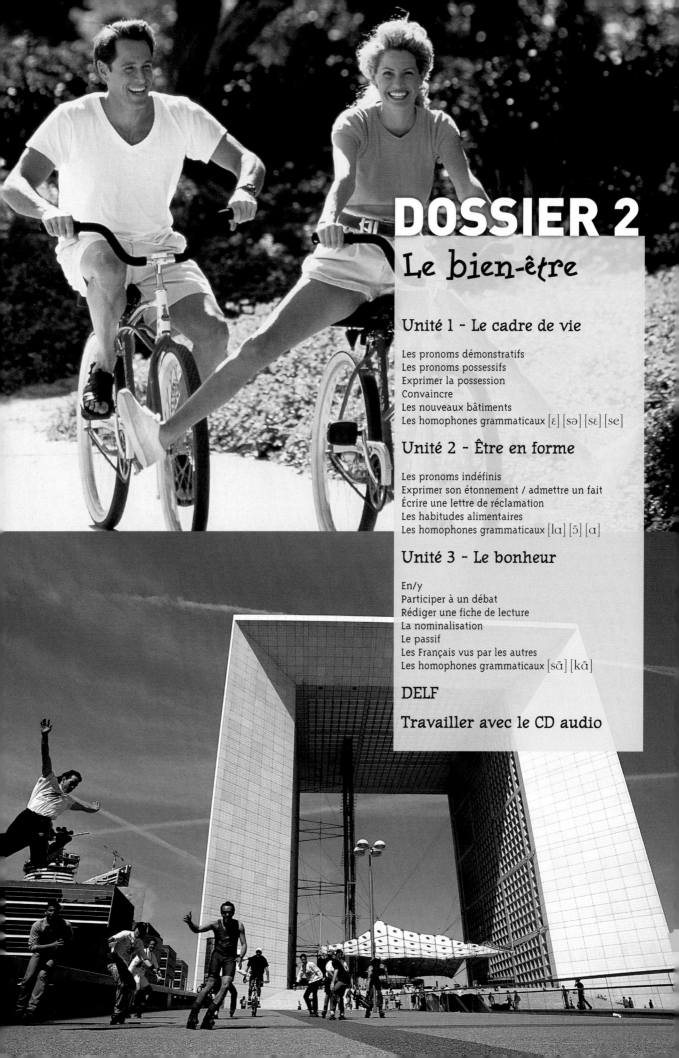

DOSSIER 2

Le bien-être

Unité 1
Le cadre de vie

1 Lisez l'article puis les six affirmations. Retrouvez, pour chaque affirmation, la phrase de l'article correspondante.

Aujourd'hui, M. Tout-Le-Monde équipe autrement sa maison. Par peur du chômage, le Français n'investit plus dans les gros travaux, ceux qu'on faisait très souvent dans les maisons autrefois. Il préfère le bricolage léger. Il rapporte du travail à la maison et il choisit, pour lire son écran d'ordinateur, les coins sombres en évitant les baies vitrées, celles qui plaisaient tant à nos parents.

Sa chambre est un mini-bureau-salon dans lequel les nouvelles technologies l'accaparent pendant des heures. Les siens, loin du schéma traditionnel papa-maman-les-deux-enfants, s'éclatent dans le jardin, la véranda et le garage, de nouvelles pièces à vivre. Ce sont les ados qui occupent le salon qui devient donc une pièce polyvalente. Notons que, bientôt, la cuisine devra s'agrandir pour accueillir les fameuses poubelles réglementaires, celles que les écologistes voudraient voir dans les maisons depuis de nombreuses années.

"Mais, si notre façon d'habiter évolue, il n'y a toujours pas de cours de sociologie et de consommation à la faculté d'architecture" dénonce François Bellanger, directeur de l'Observatoire pour l'habitat. "Les chambres que les architectes projettent sont juste assez larges pour mettre uniquement un lit double. Jamais, il ne vont chez Darty pour voir à quoi ressemble l'électroménager dans lequel investissent largement les Français. Ce qui donne des situations absurdes comme les livreurs qui ne peuvent pas passer par la porte ces gigantesques frigos, nouveau totem des familles, que l'on ouvre cinquante-quatre fois par jour."

En effet, "les critères des architectes correspondent de moins en moins aux nôtres", précise le directeur d'une grande surface qui vend des meubles et des décorations d'intérieur.

Marie-Claire, 04/2000

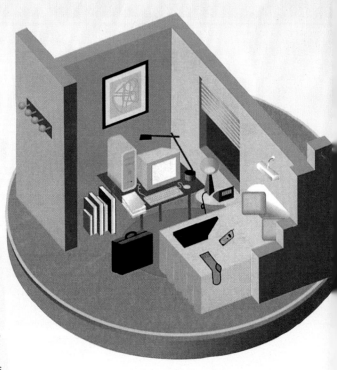

Exemple : Aujourd'hui, les maisons ne sont plus aménagées comme avant.
→ Aujourd'hui, M. Tout-Le-Monde équipe autrement sa maison.

1. Les Français font les travaux eux-mêmes.
→ ....

2. Les maisons n'ont plus de grandes fenêtres.
→ ....

3. Aujourd'hui, les gens vivent aussi pendant la journée dans leur chambre.
→ ....

4. Les jeunes gens vivent surtout dans la pièce commune de l'appartement.
→ ....

5. Les architectes projettent des maisons avec des critères aujourd'hui dépassés.
→ ....

6. Les appareils ménagers prennent de plus en plus de place dans les logements.
→ ....

2   *Relisez le texte et observez le plan de l'activité 1 et, à l'aide de l'encadré lexical, complétez le tableau.*

> **Lexique :**
> **le type de logement :** l'appartement, la maison, le pavillon, la villa.
> **les caractéristiques :** spacieux(euse)/petit(e), large/étroit(e), ancien(ne)/moderne, clair(e)/sombre.
> **les pièces :** l'entrée, la salle de bains, la cuisine, le couloir, la chambre, le salon, la salle à manger, le bureau.
> **l'extérieur de la maison :** le jardin, la véranda, le garage.
> **les meubles :** le lit, la table, la table de nuit, la chaise, le fauteuil, le canapé, l'armoire, le bureau, la bibliothèque.
> **l'électroménager :** la cuisinière, le réfrigérateur, la machine à laver, le lave-vaisselle.
> **les objets :** le bibelot, la poubelle, le cadre, le tableau, le téléviseur, l'ordinateur, le téléphone, le répondeur téléphonique, la chaîne hi-fi, la lampe.

	Chambre	Cuisine	Salon
phrase du texte qui décrit la pièce			
meubles de la pièce			

3   *Imaginez l'intérieur des appartements de ces trois personnes et décrivez-le.*

Jean-Marc Leforestier, 42 ans, cadre, marié, deux enfants.

Anne Fontaine, 75 ans, veuve, elle vit avec une nièce de 27 ans.

Sylvie Loprest, 23 ans, étudiante, elle a une bourse et elle vit seule.

Les pronoms démonstratifs

 Observez ces deux dessins, puis complétez le tableau des pronoms démonstratifs.

Les pronoms démonstratifs	
masculin singulier	**féminin singulier**
Quel est l'appartement de Marc ?	Quelle veste vas-tu acheter ?
.... **-ci**	.... **-ci**
.... **-là**	.... **-là**
.... **qui** a un balcon fleuri.	.... **que** tu aimes aussi.
.... **du** dernier étage.	.... **avec** le col en velours.
masculin pluriel	**féminin pluriel**
Quels livres as-tu lus pendant les vacances ?	Quelles fleurs as-tu données à Laura pour son anniversaire ?
Ceux-ci	
.... **-là**	**Celles-ci**
.... **que** tu m'as offerts à Pâques.	.... **-là**
.... **de la** bibliothèque de mes parents.	.... **qui** sont sur la table.
	.... **dans** le vase bleu.

Écoutez ces phrases et, pour chacune d'elles, cochez ce à quoi elle se réfère.

> **Exemple :** Cette année, en Égypte, j'ai visité celles que je ne connaissais pas.
> ☐ les monuments
> ☒ les pyramides
> ☐ les villages

1. ☐ les pièces de théâtre
☐ les chansons
☐ les films

3. ☐ les tableaux
☐ les affiches
☐ les statues

2. ☐ des bonbons à la menthe
☐ des tartes aux pommes
☐ des gâteaux au chocolat

4. ☐ les spécialités vietnamiennes
☐ les plats typiques
☐ les desserts à la crème

6 *Transformez les dialogues suivants en remplaçant les mots soulignés par un pronom démonstratif selon le modèle.*

> **Exemple :** — Quelles villes italiennes as-tu visitées cet été ?
> — <u>Les villes</u> du Nord et du Centre.
> → **Celles** du Nord et du Centre.

1. — Quels films avez-vous vus le mois dernier ?
— Tous <u>les films</u> qui ont été présentés à Cannes.
→ ....

2. — Regarde ces portables, là, dans la vitrine, lequel tu préfères?
— <u>Le portable</u> de droite, il a l'air plus solide et, surtout, il est moins encombrant.
→ ....

3. — Quelle est la maison des Rupert ?
— <u>La maison</u> de droite, à côté de la mairie.
→ ....

4. — Quels sont les pays européens que tu voudrais visiter ?
— Oh ! tous <u>les pays</u> qui se trouvent autour de la Méditerranée.
→ ....

7 *Faites votre choix en le justifiant selon le modèle.*

> **Exemple :** Dans mon quartier, il y a deux magasins : un épicier et un supermarché.
> → Je choisis **celui** qui est le moins cher : le supermarché.

1. Dans le wagon-lit, il y a deux couchettes de libre, une en bas et une en haut.
→ ....

2. À Paris, vous hésitez entre deux musées : Le Louvre et le Centre Pompidou.
→ ....

3. Dans le parking, il y a deux places, une près de l'entrée, l'autre près de l'ascenseur.
→ ....

4. Dans cet immeuble, on loue deux appartements, l'un au rez-de-chaussée avec jardin, l'autre au 6ᵉ étage.
→ ....

5. À l'agence de voyage, on me propose une croisière en Égypte ou un tour en Normandie.
→ ....

Les pronoms possessifs

 Écoutez et observez, puis complétez le tableau des pronoms possessifs.

Carte France Télécom

Et tous les téléphones
deviennent un peu le vôtre.

France Telecom

Les pronoms possessifs				
	singulier		pluriel	
	masculin	féminin	masculin	féminin
je	....	....	les miens	les miennes
tu	....	....	les tiens	les ....
il/elle	....	la sienne	....	....
nous	....	la nôtre	les nôtres	les ....
vous	....	la	....	....
ils/elles	....	la	les leurs	....

 Complétez les phrases suivantes avec un pronom possessif.

Exemple : Marina, prends tes clefs ! Tu as encore pris **les miennes** et après, je ne peux pas rentrer à la maison !

1. Chez nous, nous n'avons pas les mêmes goûts à table, ma femme a .... , mes enfants ont .... et moi, naturellement, j'ai ....
2. Ne prends pas ta voiture pour aller à Nice, prends plutôt .... Tu sais, elle est plus confortable et la Côte d'Azur ce n'est pas la porte à côté !
3. Ma femme ne connaît pas .... et ta femme ne connaît pas .... Nous pourrions peut-être faire un petit dîner à quatre un de ces jours, ça te dit ?
4. Je n'aime pas passer mes vacances chez mes beaux-parents. Tiens, pour les repas, par exemple, ils ont leurs horaires et nous, nous avons ....

10 *À l'aide du tableau "Exprimer la possession", complétez les bulles de ce dessin.*

Exprimer la possession

A. POUR DEMANDER :
À qui **est** ce livre ?
À qui **appartiennent** ces bateaux ?

B. POUR RÉPONDRE :
Ce dictionnaire ? **C'est le mien.** Ces bijoux ? **Ce sont les siens.**
Cette villa **n'est pas à eux**, elle **est à leurs parents.**
Cette moto ? **C'est celle de Julien.** Ces tableaux ? **Ce sont ceux de mes cousins.**
C'est mon vélo !
Ces disques ? **Ils m'appartiennent.**

11 *Retrouvez les quatre dialogues en associant une phrase de la colonne de gauche et une phrase de la colonne de droite selon le modèle.*

Exemple : 1-c.

1. Il est à qui, ce pavillon ?
2. À qui appartient cette mobylette ?
3. Et ces tableaux, ils sont à qui ?
4. C'est le tien, ce vélo ?
5. C'est à qui ces clés ?

a. Ce sont celles de Julie.
b. Non, le mien est blanc et rouge.
c. C'est le sien, c'est là qu'il habite.
d. Ce sont les siens.
e. C'est celle de ma fille.

12 *À l'aide du tableau "Exprimer la possession", complétez le dialogue de Yann, Agnès et Rémi, trois amis qui ont partagé le même appartement pendant leurs études universitaires. Puis, cochez sur la liste, à côté de chaque objet, le nom de son propriétaire.*

Rémi :   Et cette affiche, c'est à qui ?

Yann :   Cette affiche, elle est .... Tu as oublié ? Je l'ai achetée pendant mon voyage en Espagne.

Rémi :   Oui, c'est vrai, mais tu ne me diras pas que ces deux statuettes .... ? Je me souviens très bien quand nous les avons achetées. C'est moi qui les ai payées.

Yann :   D'accord pour les statuettes, Rémi. Et les casseroles, elles .... ?

Agnès :   Alors là, il n'y a pas de doute : les casseroles sont à moi, d'ailleurs, ce sont .... ma mère. Elle me les a données. Et le tapis, le joli tapis du salon ?

Yann :   Le tapis .... Rémi, c'est Rémi qui l'a choisi, c'est juste qu'il le prenne.

Rémi :   Merci, tu es sympa. Et les CD d'anglais ? C'est moi qui les ai achetés, mais c'est vous qui les avez utilisés.

Agnès :   Oh ! les CD, ... Yann. C'est lui qui en a le plus besoin en ce moment, je pense. Bon, rangeons vite nos affaires, la propriétaire ne va pas tarder et il faut lui rendre les clés.

	Rémi	Yann	Agnès
l'affiche		X	
les statuettes			
les casseroles			
le tapis			
les CD d'anglais			

13 *Pour chacune de ces questions, le nom du propriétaire de l'objet évoqué vous est indiqué. À l'aide du tableau "Exprimer la possession", imaginez vos réponses.*

           Exemple : Ce pantalon est à toi ?
               (mon mari)
                 → Non, **il est à** mon mari / Non, **c'est celui de** mon mari / Non, **c'est à** lui...

1. Cette grosse moto est à Jacques ?
    (son frère)
    → ....

2. Ces crayons de couleur sont à tes enfants ?
    (leur camarade Guy)
    → ....

3. Ce pavillon appartient aux Legrange ?
    (les Renoir)
    → ....

4. Ces deux vestes en cuir sont à ton fils ?
    (mon neveu)
    → ....

5. Ces affiches sont aux anciens locataires ?
    (le propriétaire)
    → ....

14 *Voici des extraits d'articles de journaux, de livres ou de petites annonces dans lesquels la personne qui écrit cherche à être plus convaincante. Pour chaque extrait, trouvez la ou les expressions utilisées et, à l'aide du tableau "Convaincre", complétez la grille.*

1. Il est possible que les citadins continuent d'abandonner les villes au cours des prochaines années, à la recherche d'un cadre de vie plus agréable et plus proche de la nature. D'autant plus que les conditions de vie dans les grandes villes sont de plus en plus difficiles .....

2. Depuis quelques mois, les acheteurs d'appartements deviennent toujours plus nombreux. Ceci provoque même parfois une certaine tension sur les prix. Mais, c'est surtout le manque de grands appartements qui favorise cette légère hausse .....

3. En fait, c'est par le taux d'emploi, c'est-à-dire la proportion des personnes au travail par rapport à celles en âge de l'être, que les États-Unis se distinguent nettement des pays européens.

4. Précisons que les candidats devront non seulement posséder une expérience d'au moins cinq ans dans le secteur mais aussi des diplômes attestant leurs connaissances dans le domaine.

	intentions de communication exprimée	expression(s) utilisée(s)
1	insister	d'autant plus que
2		
3		
4		

Convaincre

insister
non seulement... mais aussi..., d'autant plus que..., même...

mettre en relief
c'est... qui, c'est... que, ce qui... est, ce que...

attirer l'attention
notons que..., précisons que..., il faut dire que...

expliquer un détail
c'est-à-dire..., ce qui signifie...

15 *À l'aide du tableau "Convaincre", transformez ces phrases selon le modèle.*

> **Exemple :** En buvant cette eau, vous retrouverez la forme de vos vingt ans.
> → *mettre en relief :* **C'est** en buvant cette eau **que** vous retrouverez la forme de vos vingt ans.

1. L'école joue un rôle essentiel pour la formation des adolescents.
   → *mettre en relief :* _____

2. Les Français, de même que leurs cousins européens, ont appris, depuis quelques années à étaler leurs vacances sur une plus longue période et à privilégier la formule "des vacances plus brèves mais plus fréquentes".
   → *attirer l'attention :* _____

3. La généralisation du phénomène du télétravail permettra dans quelques années à beaucoup d'entreprises de réduire la surface de leurs bureaux et donc de diminuer les frais fixes.
   → *expliquer un détail :* _____

4. Les progrès scientifiques coûtent très cher et mobilisent de lourdes équipes de diplômés.
   → *insister :* _____

16 *L'auteur de ce texte souhaite encourager les lecteurs à visiter, lors d'un voyage à Paris, l'hôtel Drouot. Transformez ce texte en utilisant les expressions du tableau "Convaincre".*

L'hôtel Drouot est la plus ancienne maison de ventes aux enchères publiques au monde.	attirer l'attention →	**Précisons tout d'abord que** l'hôtel Drouot est la plus ancienne maison de ventes aux enchères publiques au monde
Les acheteurs peuvent acheter ici des tableaux, des meubles, des objets anciens et aussi des objets modernes provenant de toutes les parties du monde.	insister →	
Les visiteurs peuvent circuler librement dans les 23 salles d'exposition pour admirer les différents objets mis en vente.	attirer l'attention →	
Le volume des ventes est très important : 600 000 objets vendus au cours des 3 000 ventes, en moyenne 200 objets pour chaque vente.	expliquer un détail →	
Les commissaires-priseurs, en qualité de fonctionnaires ministériels, contrôlent la régularité de l'activité de l'hôtel Drouot.	mettre en relief →	

Manières d'être
Les nouveaux bâtiments
Unité 1

 Regardez le plan de la Cité des Sciences et de l'Industrie et écoutez ce guide. Pour chacune de ses explications, trouvez de quelle attraction il s'agit.

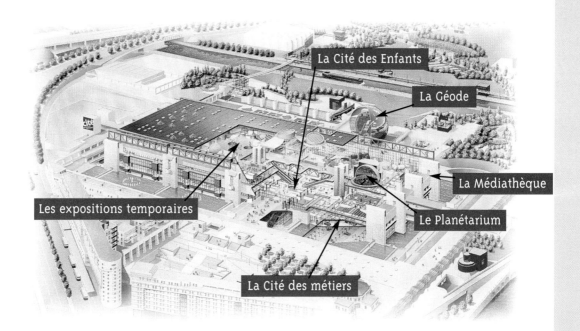

1	La Géode	3	
2		4	

18 *Lisez la description du Centre Georges-Pompidou et du musée d'Orsay, puis dites dans lequel de ces deux musées il est possible d'admirer ces tableaux.*

L'Arc noir, Kandinsky

Le Moulin de la Galette, Renoir

La Porte de l'Enfer, Rodin (détail)

L'homme à la guitare, Braque

Le Centre Georges-Pompidou
La construction de ce centre, appelé également Centre Beaubourg du nom du quartier où il se trouve, a été achevée en 1977. C'est un bâtiment d'une forme très particulière, un gigantesque parallélépipède de verre et d'acier, avec, à l'extérieur, un grand escalator.
Chaque jour, des milliers de visiteurs visitent ses expositions, ses bibliothèques, sa cinémathèque et, naturellement, son musée national d'Art moderne, l'un des plus importants au monde. Il présente dans ses collections et expositions toutes les formes d'arts plastiques françaises et étrangères de 1900 à nos jours.

Le musée d'Orsay
La gare d'Orsay est inaugurée en 1900. Pendant plus de 40 ans, elle voit le départ de 200 trains par jour en direction du Sud-Ouest de la France. Le verre et le métal de ce bâtiment sont cachés à l'extérieur par une façade monumentale inspirée du Louvre.
La gare cesse ses fonctions au début de la Seconde Guerre mondiale. Elle devient alors le centre d'activités diverses, jusqu'aux années 70, lorsqu'on décide d'installer dans cet emplacement un musée consacré au XIXe siècle. Le musée a été inauguré le 1er décembre 1986 par le président François Mitterrand.

Les homophones grammaticaux (1)

 Écoutez, puis complétez les phrases à l'aide du tableau "Le son [ɛ]".

1. Tu .... au courant de ce qui .... arrivé à Elvire ?
2. Il .... important que tu .... ce travail.
3. Je ne pense pas qu'il .... la voiture, ce soir.
4. Il faut que j' .... l'autorisation de mon chef.
5. Je ne pense pas qu'ils .... écouté attentivement.

Le son [ɛ]
Tu **es** gentil.
Il **est** américain.
Il veut que j'**aie** plus de patience.
Il faut que tu **aies** son nom.
Je ne pense pas qu'il **ait** raison.
Il faut qu'ils **aient** une voiture pour partir en vacances.

Écoutez, puis complétez les phrases à l'aide du tableau "Le son [sə]".

1. .... sont mes neveux.
2. Tous les jours, il .... réveille à neuf heures.
3. Je ne sais pas .... qui .... passe.
4. Ils .... sont rendu compte de leur erreur.
5. Allez, ... n'est pas grave !

Le son [sə]
Ce n'est pas grave !
Elle **se** promène le long des quais.

Écoutez, puis complétez les phrases à l'aide des tableaux ci-dessous.

1. Aujourd'hui, ... dimanche.
2. Elle .... précipitée vers la sortie.
3. J'aime beaucoup .... deux acteurs.
4. .... parents viennent dîner ce soir.
5. Ce poulet, ... un vrai délice.

Le son [sɛ]
C'est un collègue de ma femme !
Il **s'est** retiré de la compétition.

Le son [se]
Il adore **ses** enfants.
Ces statues coûtent très cher.

Écoutez, puis complétez ces phrases.

1. .... sont toujours les mêmes qui .... taisent !
2. J'aimerais que tu .... le courage de me le dire !
3. Je ne pense pas que .... gens .... tort.
4. .... trop bon ! Paul .... un très bon cuisinier, ... glaces au chocolat sont excellentes.
5. Il ne comprend plus .... qui lui arrive.
6. Il .... trompé encore une fois.
7. Ma mère voudrait que j' .... du temps pour sortir avec elle.
8. On .... réveillés trop tôt, ... idiot !

Unité 2
Être en forme

Savoir manger

On connaît la chanson : mieux vaut prendre un petit déjeuner équilibré, des vrais repas au calme...Privilégiez les aliments qui donnent du peps ! Ceux qui sont riches en vitamine C, comme un verre de jus d'orange au petit déjeuner. C'est aussi le cas de certains légumes verts. Sans oublier les fruits (kiwis, oranges, pamplemousses, fraises...). Excellentes sources de vitamines du groupe B antidéprime : la viande, le pain, les céréales et les légumes secs. Pour renforcer votre équilibre nerveux, forcez sur le magnésium, vous le trouverez dans les amandes, les noisettes, le cacao et les céréales complètes.

Savoir se relaxer

Pour tenir le cap, il est essentiel de faire des pauses détente dans la journée. De cours instants qui rallument le moteur. S'étirer, se lever, marcher, bailler suffisent pour assurer une pause et faire le vide. Pour les plus courageux, il existe aussi de vraies techniques de relaxation qui enseignent à faire ces pauses minute. À apprendre avec un professionnel.

Savoir dormir

On n'a rien trouver de mieux que le sommeil pour recharger ses accus. Des nuits trop courtes ou en pointillé ne permettent pas de récupérer. Pour lutter contre l'insomnie : mettez-vous au ralenti avant l'heure du coucher, écoutez de la musique, lisez, buvez une tisane apaisante, un verre de lait sucré. Mais si ces trucs ne marchent pas, consultez, pour éviter qu'une insomnie passagère ne se transforme en insomnie chronique.

Savoir dire non

Être incapable de dire non, c'est le plus souvent ne pas vouloir déplaire. À court terme, la stratégie est payante. Mais, à long terme, elle est fatigante. L'individu qui prend toujours sur lui s'use. Exercez-vous à dire non pour des choses anodines, vous verrez que c'est finalement très facile. Par exemple, lorsque quelqu'un vous propose un rendez-vous, répondez-lui : "Désolé, à cette heure-là je ne peux pas, mais seriez-vous libre à un autre moment ? " Ne culpabilisez pas. Dire non est normal, c'est une façon de préserver votre existence. Et vos oui auront d'autant plus de valeur s'ils ne sont pas systématiques.

Savoir hiérarchiser les tâches

Si vous êtes submergé de boulot, il n'y a pas de solution miracle. Simplement un travail personnel à faire. Ainsi, selon le Dr Éric Albert, de l'Institut français de l'anxiété et du stress à Paris, "la question n'est pas l'urgence mais l'importance". Apprenez donc à hiérarchiser vos priorités. Le soir, observez votre journée et dites-vous : "Là, j'aurais pu agir de cette façon..." Et rectifiez le tir le lendemain. Petit à petit, vous aurez ce même recul dans l'action, vous saurez mieux organiser vos activités et vous économiserez de l'énergie.

Savoir bouger

L'exercice est bon pour tout : le tonus, la ligne, le moral... D'ailleur, plus on s'active, moins on est fatigué. Après avoir fait marcher ses neurones à plein rendement, il est bon de faire marcher ses muscles. La fatigue nerveuse est convertie en fatigue physique, favorable au sommeil. Si vous n'avez pas le temps de faire du sport, marchez, montez des escaliers...

 Écoutez et lisez les six règles d'or pour être en forme, puis, après avoir trouvé pour chaque problème exposé le conseil approprié, complétez la grille.

	problèmes évoqués	conseils
1	travail dur, stress	savoir se relaxer dans la journée
2		
3		
4		
5		
6		

2 *À l'aide de l'encadré lexical, complétez ces dialogues.*

1. — Si tu as un .... , mange du chocolat, c'est formidable, une barre de chocolat et tu fais ....

2. — Je ne sais pas ce que j'ai, depuis quelques jours, je suis tout .... , je ne comprends pas pourquoi.
   — Fais attention, il y a une épidémie de grippe en ce moment.

3. — Depuis que tu fais de la gym, tu as .... , tu sais ?
   — Oh, oui, tu devrais en faire avec moi, tu ne penses pas ?

4. — Ludovic travaille très dur, à cause de ses examens.
   — Oui, je l'ai rencontré hier et j'ai vraiment l'impression qu'il est .... en ce moment.

> **Lexique :**
> avoir la pêche *(fam.)*
> faire le plein d'énergie
> être (tout) raplapla *(fam.)*
> avoir un coup de pompe *(fam.)*
> être surmené

Grammaire
Les pronoms indéfinis

3 *Observez ces documents puis complétez le tableau "Les pronoms indéfinis".*

Sempé
Rien n'est simple

folio

Ne te retourne pas tout de suite... J'ai l'impression que quelqu'un nous suit !...

Les pronoms indéfinis

quelque chose ≠ ....
.... ≠ **personne**

Tu as dit **quelque chose** ?
Non, je n'ai **rien** dit.

(!) 1. Avec "**rien**" et "**personne**", le verbe est précédé de " .... (......... ')" :
→ Je .... 'ai rencontré **personne** dans la rue.
2. Dans les temps composés, "**rien**" est placé entre l'auxiliaire et le participe passé :
→ Mon fils n'**a rien dit**.

4 Formez des phrases en associant un élément de la colonne de gauche à un élément de la colonne de droite.

Exemple : 1-b.

1. Jacques est vraiment égoïste,
2. Qu'est-ce qu'il est avare, Luc,
3. Il est paresseux, tu sais,
4. Hugues est un garçon très timide,
5. Il est très myope,
6. Il vient d'arriver à Nice,

a. il ne parle à personne.
b. il ne pense à personne.
c. il ne voit rien.
d. il ne connaît personne.
e. il ne fait rien.
f. il ne dépense rien.

5 Complétez la lettre d'Alice à sa sœur Mathilde avec "quelque chose", "quelqu'un", "rien" et "personne".

Chère Mathilde,

J'ai _____ à te raconter. Hier, à la fête, j'ai rencontré _____ Il s'appelle Julien et il a 24 ans. Je t'assure que je n'ai jamais connu _____ d'aussi beau et sympathique. Pour le moment, je te prie de ne _____ dire à maman. D'ailleurs, à part à toi, je ne l'ai dit à _____ Je te tiendrai informée. Bises à tout le monde.

Alice

6 Complétez ces dialogues selon le modèle.

Exemple : — Tu as vu quelqu'un dans l'appartement du deuxième étage ?
— Non, **je n'ai vu personne.**

1. — Il a raconté quelque chose de son voyage ?
   — Non, _____

2. — Est-ce que quelqu'un a appelé pour l'annonce ?
   — Non, _____

3. — Tu as invité quelqu'un pour ton anniversaire ?
   — Non, _____

4. — Je vais au supermarché, tu veux quelque chose ?
   — Non, _____

7 En utilisant "rien" ou "personne", faites le portrait de ces personnages.

Exemple : un mauvais client : il n'achète **rien**, il ne laisse passer **personne** devant lui, il n'accepte l'aide de **personne**.

1. un professeur mécontent.
2. un adolescent qui s'ennuie.
3. une femme énervée.
4. une secrétaire autoritaire.
5. un touriste déçu par l'organisation de son voyage.
6. un automobiliste imprudent.

Exprimer son étonnement / admettre un fait

 Écoutez, puis à l'aide des tableaux ci-dessous, indiquez, pour chaque dialogue, si la deuxième personne exprime son étonnement ou admet un fait et par quelle expression elle le fait.

Exprimer son étonnement	Admettre un fait
Tu te rends compte !	C'est sûrement vrai !
C'est surprenant !	Il n'y a pas de doute !
J'ai du mal à le croire !	Il est évident que tu as raison !
Sans blague ! *(fam.)*	Cela (ça) va de soi !
Je n'en reviens pas !	Bien sûr !
Je ne l'aurais jamais cru !	Certes !
Incroyable ! C'est incroyable !	Naturellement !
Étonnant ! C'est étonnant !	
C'est pas vrai !	

	exprime l'étonnement	admet un fait	phrase prononcée
1	X		sans blague !
2			
3			
4			
5			
6			

9 À l'aide des expressions des tableaux "Exprimer son étonnement" et "Admettre un fait", imaginez les phrases que vous pourriez prononcer dans ces situations.

Exemple : Vous venez de recevoir une lettre de votre cousine Nathalie qui habite en Angleterre. Elle se marie le mois prochain avec Roland, un de vos amis. Vous ne saviez même pas qu'ils se connaissaient. Vous commentez la nouvelle avec votre mari.

→ **Je n'en reviens pas !** Nathalie va se marier avec Roland. Je ne savais même pas que les deux se connaissaient, tu le savais, toi ?

1. Votre garagiste vous demande un prix très élevé pour réparer votre voiture. Vous êtes surpris, car, en général, c'est quelqu'un de très correct. Que lui dites-vous ?
2. Vous attendiez une promotion depuis six mois, mais c'est votre collègue Aurélie qui l'a obtenue. Aurélie et son mari sont amis de la famille de votre chef. Comment commentez-vous cette nouvelle avec votre amie Diane ?
3. Le magasin "Décor" devait vous livrer ce matin tôt une bibliothèque. Il est midi et la bibliothèque n'est pas encore arrivée. Vous êtes étonné(e) car vous êtes un(e) bon(ne) client(e) de ce magasin. Que leur dites-vous au téléphone ?
4. Vous devez partir en vacances dans deux jours. Vous n'arrivez pas à obtenir un visa. Vous êtes inquiet(ète) alors vous téléphonez à la secrétaire de l'ambassade du pays que vous désirez visiter pour lui demander des explications. Que lui dites-vous pour exprimer votre étonnement ?
5. Vous vous êtes trompé(e) en faisant vos comptes, vous avez un découvert sur votre compte bancaire. Vous allez au rendez-vous que vous a fixé l'employé(e) de votre banque. Que lui dites-vous pour admettre votre erreur ?

10 Par groupes de trois, regardez ces vignettes et, à partir des réactions de Pénélope, imaginez ce que son amie Éléonore est en train de lui raconter. Puis, comparez les productions de chaque groupe.

Écrire une lettre de réclamation

11   Lisez le texte et, pour chaque affirmation, cochez la réponse correcte.

J'y ai droit... j'y ai droit...

Le chauffeur de taxi qui vous refuse la course, le garçon de café qui ne veut pas vous servir, votre fax inondé de publicités... Ne vous laissez pas faire, n'hésitez pas à mettre en avant vos connaissances juridiques.

• **Le serveur refuse de vous servir un café en terrasse,** sous prétexte qu'elle est réservée aux personnes désirant déjeuner ? Mentionnez l'article L.122-1 du Code de la consommation, qui interdit le refus de vente.

• **Il vous demande de prendre une seconde consommation** ou de quitter le café. Il n'a pas le droit. Invoquez l'article L.122-1.

• **Réclamez le remboursement des frais de pressing** si le serveur a renversé un plat sur votre pull. Brandissez l'article 1383 du Code Civil.

• **Demandez réparation à votre teinturier** s'il est responsable de dommages sur vos vêtements lors du nettoyage. L'arrêté du 27 mars 1987 l'oblige à afficher les conditions de sa responsabilité et l'indemnisation (remboursement en fonction du prix d'achat). Sinon, portez l'affaire devant le tribunal d'instance (un avocat n'est pas obligatoire).

• **Si vous voulez prendre un taxi pour faire 100 m,** le chauffeur ne peut vous refuser la course selon l'article L.122-1.

• **Contestez les prix d'un artisant.** Au-dessus de 1 000 F de travaux de réparation ou de rénovation, il doit établir un devis (arrêté du 2 mars 1990). Au dessus de 100 F, une note détaillée est obligatoire (prix du déplacement, taux horaire, temps passé, prix des pièces), aux termes de l'arrêté du 3 octobre 1983.

• **Vous pouvez vous rétracter si** vous avez rempli un bon de commande pour une antenne parabolique auprès d'un vendeur qui démarche à domicile : référez-vous à l'article L.121-21 du code de la consommation (vous avez sept jours pour le faire)

• **Finissez-en avec les publicités qui inondent votre fax.** Inscrivez-vous sur la liste Safran. (France Telecom, gratuit. Appelez le 14 ou tapez 3614FT).

• **Vous pouvez vous raccorder au câble sans l'autorisation de votre propriétaire.** Mais signalez-lui votre intention. S'il s'oppose, il devra saisir le tribunal.

• **Contestez votre facture EDF-GDF** si vous la trouvez trop élevée. Avant de régler, alertez votre agence et demandez une vérification (article 1315 du Code civil qui impose au créancier de faire valoir la réalité de sa créance).

• **Réclamez le remboursement du double des arrhes** si votre chambre ne répond pas à celle que vous aviez réservée (il faut produire une trace écrite de votre réservation). Article L.114-1 du Code de la consommation.

• **Retournez-vous contre l'hôtelier responsable du vol de votre montre dans votre hôtel.** Selon l'article 1952 du Code civil, "les aubergistes ou hôteliers répondent, en tant que dépositaires, des objets apportés dans leur établissement".

Elle, 9/3/98

1. Il est 13 heures, vous êtes assis à la terrasse d'un café et vous commandez un café :
   - [ ] le serveur vous oblige à commander un déjeuner.
   - [ ] le serveur vous apporte un café mais vous demande de payer un supplément.
   - [x] le serveur vous apporte un café que vous payez au prix normal.

2. Le serveur renverse un plat sur votre pull :
   - [ ] vous pouvez seulement lui demander de s'excuser.
   - [ ] vous devez demander au propriétaire du café de licencier le serveur.
   - [ ] vous pouvez demander au propriétaire du café de payer vos frais de pressing.

3. Vous voulez prendre un taxi pour un trajet de 100 mètres :
   - [ ] le chauffeur peut vous refuser la course.
   - [ ] le chauffeur vous emmène seulement si vous acceptez de prendre dans la voiture un autre client.
   - [ ] le chauffeur ne peut pas vous refuser la course.

4. Vous demandez des travaux de réparation ou de rénovation à un artisan :
   - [ ] ce dernier ne doit pas vous remettre de facture.
   - [ ] il doit vous donner une facture dans laquelle il n'indiquera que le prix global.
   - [ ] pour les travaux supérieurs à 100 francs, une note détaillée est obligatoire.

5. Vous trouvez que votre facture d'électricité ou de gaz est trop élevée :
   - [ ] vous ne pouvez rien faire d'autre que de la payer.
   - [ ] vous devez la payer et, en même temps, envoyer une lettre de réclamation à votre agence.
   - [ ] vous pouvez, avant de la payer, demander à l'agence d'effectuer une vérification.

6. On vous a volé votre montre pendant votre séjour dans un hôtel :
   - [ ] vous pouvez seulement en acheter une autre.
   - [ ] vous pouvez porter plainte au commissariat.
   - [ ] vous pouvez vous retourner contre la direction de l'hôtel.

12 *Lisez cette lettre et complétez le tableau "Écrire une lettre de réclamation"*

Rennes, le 27 mars 2001

Objet : notre séjour du 15 au 22/2/2001 dans votre club au Maroc

Monsieur le Directeur,

Suite à notre entretien téléphonique du 14 mars dernier, je tiens à vous signaler que le séjour d'une semaine au Maroc organisé par votre agence ne correspondait pas à la description de votre brochure. Tout d'abord, votre club n'était pas situé sur la plage, mais à une vingtaine de kilomètres de la mer.

Ensuite, les bungalows n'étaient pas tous équipés de salle de bains.

Enfin, la qualité des repas laissait à désirer et tous les clients ont eu l'occasion de se plaindre à ce sujet.

Nous vous serions reconnaissants de bien vouloir envisager un dédommagement financier et de nous en faire connaître le montant.

Veuillez agréer, Monsieur le Directeur, l'expression de nos sentiments distingués.

Yves Delanoix, responsable du Comité d'entreprise

Écrire une lettre de réclamation

1. L'objet du litige :
Suite à notre rencontre du 12 juin dernier, je regrette de devoir vous annoncer que...

À la réception de votre facture, nous avons eu le regret de constater que

2. La description du litige
En effet, ... De plus, ... Pour conclure, ...

Effectivement, comme je vous l'ai dit...

3. Les propositions d'arrangement ou de dédommagement :

Je vous propose donc de...
Je reste, par conséquent dans l'attente de...
Nous vous demandons, en conséquence, de...
Je vous prie donc de prendre les dispositions nécessaires pour...

4. La formule de politesse :

En vous remerciant de l'attention que vous porterez à ma lettre, je vous prie d'agréer, Monsieur, mes salutations distinguées.

Écoutez cet extrait d'une conversation téléphonique entre une employée du magazine "Savoir Vivre" et Françoise Salbertin, une abonnée. Puis, à l'aide du tableau "Écrire une lettre de réclamation", rédigez une lettre comme si vous étiez Françoise Salbertin.

Les habitudes alimentaires

14 Après avoir lu ces ces documents concernant l'alimentation, répondez aux questions.

Aujourd'hui, beaucoup de gens choisissent, pour leur alimentation, les produits "bio", cultivés naturellement sans engrais chimiques ni pesticides d'aucune sorte.

NESQUIK, C'EST POUR LA VIE !

Parce que vos enfants en raffolent et que ça les incite à boire du lait ! Et le lait, même plus tard, c'est bon pour la santé. Ainsi, les ados qui connaissent un pic de croissance maximal ont besoin plus que jamais de calcium, qui contribue à constituer leur masse osseuse. À l'âge adulte, pas question non plus de se reposer sur ses lauriers ! Il faut continuer à entretenir son capital osseux, et consommer des produits laitiers. Un bon bol de Nesquik, pour les mamans aussi, c'est délicieux !

Une recette de légende créée en 1923

Vous souvenez-vous de votre première bouchée de barre Mars ? La générosité de son savoureux chocolat au lait, puis un cœur de mousse onctueux (mariage d'œufs en neige, de lait, de sucre et de malt) et enfin une couche généreuse de caramel fondant... Ce goût unique, Mars le doit à une recette créée en 1923. Aujourd'hui, on retrouve toujours intacte cette saveur qui existe dans un autre format : les mini-barres Mars. Reste le plaisir, toujours immense. Rien de mieux pour voir tous les jours la vie du bon côté.

Alimentation et magie

La superstition est très présente en France en matière alimentaire ; elle est la source de nombreuses habitudes ou interdits. Elle veut, par exemple, que l'ail éloigne les vampires et les serpents ; cuit sous la cendre durant la nuit de la Saint-Jean et mangé le lendemain, il préserve des fièvres pendant toute une année. Un cerisier peut donner deux fois des fruits si la première récolte est faite par une femme qui vient de donner le jour à son premier bébé. Les produits vitaminés, compléments minéraux ou oligo-éléments, outre leur intérêt nutritionnel, jouent aujourd'hui un rôle comparable à celui des amulettes et des porte-bonheur d'autrefois, ils sont censés conjurer la maladie et le vieillissement...

CIDIL, Nutri News, *Francoscopie 1997*, éd. Larousse.

Le goût du terroir revient

Chaque fois que les gens sont en crise, qu'ils se sentent un peu perdus, ils se réfugient dans des valeurs alimentaires traditionnelles. C'est le cas en France depuis quelques années : on veut manger vrai et équilibré.
On recherche des aliments naturels, on se met en quête de produits offrant une garantie ou un label.

Changement notable, toutefois, cette nouvelle cuisine du terroir s'accompagne très bien de la conserve, du surgelé et du passage au micro-ondes : c'est la bonne cuisine sans cuisiner. Dans les grandes surfaces, c'est "le terroir de chacun mis à la portée de tous".

"Les modes alimentaires", d'après *Les clés de l'actualité n° 203*
9-15/05/1996.

---

1. À quelle année remonte la recette de la barre de chocolat Mars ?

2. À quelles catégories de personnes s'adresse la publicité de Nesquik ?

3. Quelle est la caractéristique principale des produits bio ?

4. Quelle est la fonction de l'ail dans la superstition française ?

5. Comment peut-on obtenir une bonne récolte de cerises, selon les traditions populaires en France ?

6. Que signifient les produits vitaminés pour l'opinion publique ?

7. Que signifie, dans le texte "Le goût du terroir revient", l'expression "C'est de la bonne cuisine sans cuisiner ?"

les homophones grammaticaux (2)

 Écoutez, puis complétez les phrases à l'aide du tableau "Le son [la]".

1. Tu as vu .... fille de Mme Richard ?
   Elle mesure 1,80 m.
2. C'est .... que je voudrais vivre.
3. Elle .... vu, mais elle n'a pas voulu lui parler.
4. Viens .... , ne t'éloigne pas !
5. Tu .... payé combien ?

Le son [la]
Aurélie est **la** cousine de Pierre.
Marcel **l'a** demandée en mariage.
Tu **l'as** acheté quand ?
Pose-le **là**, sur la table.

 Écoutez, puis complétez les phrases à l'aide du tableau "Le son [ɔ̃]".

1. .... ne parle pas la bouche pleine !
2. Oh ! là, là ! mes enfants........... demandé un chien comme cadeau de Noël !
3. À quelle heure elles .... terminé, hier soir ?
4. .... y va, Jacques ?

Le son [ɔ̃]
Hier soir, **on** est allés au cinéma avec les Tulman.
Mes collègues m'**ont** fait un cadeau pour mon anniversaire.

 Écoutez, puis complétez les phrases à l'aide du tableau "Le son [a]".

1. C'est .... toi !
2. Cette maison .... quatre étages.
3. Qu'est-ce que tu .... dit ?
4. Ma voisine .... 40 ans.
5. Je vais .... Madrid le mois prochain.

Le son [a]
Tiens, donne-le **à** ton frère !
Cette télé **a** quelque chose qui ne marche pas bien.
Est-ce que tu **as** rappelé à Pierre notre rendez-vous ?

 Écoutez, puis complétez les phrases.

1. Son rhume ? C'est .... mer qu'il .... attrapé.
2. Mais non, on ne .... pas rangé .... , mais dans l'armoire !
3. Tu .... toujours de drôles d'idées ! Aller .... piscine à 22 heures !
4. Henri et Jean-Philippe nous .... fait un beau cadeau et .... ne les .... même pas remerciés !
5. Quand .... -elles commencé leur travail .... -bas ?

Unité 3
Le bonheur

 Écoutez ce débat, répondez par "vrai" ou par "faux" à ces affirmations puis corrigez-les si nécessaire.

	Vrai	Faux	Correction des énoncés erronés
1. Le débat est une émission radiophonique.		X	Il s'agit d'une émission sur la chaîne de télévision France 3.
2. Le thème porte sur un débat de société.			
3. Cinq scientifiques participent à cette émission.			
4. D'après M. Brun, beaucoup de gens pensent que le bonheur est de bien vivre dans son milieu familial.			
5. 83% des personnes trouvent que pour être heureux, il faut être amoureux.			
6. Pour 85% des personnes, la réalisation personnelle est importante.			
7. 88% des personnes estiment que le bonheur est dû au bien-être et 96% à l'art de vivre.			
8. Odile Campestre n'est pas d'accord avec M. Brun car elle le trouve trop optimiste.			
9. Odile voudrait que son travail d'artiste soit reconnu.			
10. Robert Lefèvre partage l'opinion d'Odile.			

2 Complétez l'encadré lexical en trouvant les adjectifs correspondant à ces noms.

> **Lexique :**
> La profession : professionnel   La beauté : _____   La joie : _____
> La richesse : _____   La détente : _____   Le confort : _____
> La célébrité : _____   La famille : _____

3 Dites ce qu'est pour vous le bonheur.

> **Exemple :** Pour moi, le bonheur, c'est aimer une personne, vivre avec elle, découvrir le monde ensemble.

Grammaire
En / y

4 Observez ces documents, lisez le tableau sur "en" et "y" puis répondez aux questions.

> Dis donc, Anne-Marie, tu as pensé au cadeau qu'on pourrait faire à Charlotte pour son bébé ?

> Non, je n'ai pas eu le temps mais j'y réfléchis vite et je m'en occupe !

OLIVIER BROCHE   JACQUES présente   FRANÇOIS MOREL

Le VOYAGE À PARIS

il en a rêvé
il s'en souviendra

7 JUILLET

MARC-HENRI DUFRESNE
FRANÇOIS MOREL – MARC-HENRI DUFRESNE   GWEN TABRISE – DIDINE HUSSS
MICHELINE PRESLE MARINA TOMÉ OLIVIER GOURMET NATALIA DONTCHEVA VALENTIN MOREL
MODEST DESCHAMPS * YOLANDE MOREAU

Document 1. De quoi ce personnage de film rêve-t-il ? _____
De quoi se souviendra-t-il ? _____
Document 2. À quoi doit réfléchir Anne-Marie ? _____

En / y	
Préposition de	**Préposition à**
Tu veux **du** pain ?	Tu t'intéresses **au** jazz ?
de la salade ?	**à la** politique ?
des croissants ?	**aux** problèmes sociaux ?
→ Oui, j'**en** veux.	→ Oui, je m'**y** intéresse.
Tu veux **une** tarte ?	
→ Oui, j'**en** veux bien **une**.	Pierre pense **à** prendre sa retraite ?
Vous avez besoin **de** partir ?	→ Oui, il **y** pense sérieusement.
→ Oui, j'**en** ai bien besoin.	(faire attention à, croire à, s'amuser à…)
(avoir envie de, rêver de, changer de…)	
⊘ Tu te souviens d'Amélie ?	⊘ Tu penses quelquefois à tes amis d'enfance ?
→ Non, je ne me souviens pas **d'elle**.	→ Ah, ça oui, je pense beaucoup **à eux**.

5 *Formulez les réponses à ces questions en utilisant les pronoms "en et "y".*

Exemple : — Mais tu t'intéresses à la politique de temps en temps ?
— Oh ! je m'**y** intéresse comme tout le monde, sans plus !

1. — Henri a bien profité de ses vacances ?
— Oui,...

2. — Ta fille tient beaucoup à son travail ?
— Non,..

3. — Vous êtes contents de votre nouvel appartement ?
— Ah ça, oui,..

4. — Vous avez beaucoup d'amis ?
— Oui,..

5. — Florence s'oppose à notre projet ?
— Non,..

6 *Écoutez puis écrivez le numéro de chaque question devant la réponse correspondante.*

1. Question n°......
— Non, il reste un pain et une baguette, ça suffira largement pour le repas !

2. Question n°......
— À quel dossier tu fais référence, là ?

3. Question n°......
— Mais oui, j'ai déjà fait plusieurs voyages lointains en solitaire !

4. Question n°......
— Oh non, merci, il est excellent ce plat, mais je n'ai plus faim !

5. Question n°......
— Pas du tout, maman, c'était quand ? On avait quel âge ?

7 *Répondez à cette interview sur les habitudes de vie en utilisant les pronoms corrects ("leur", "y", "en" et "eux").*

Exemple : — Vous vous habituez à vos nouveaux horaires avec la semaine de 35 heures ?
— Et comment ! Je m'**y** suis habitué très bien et très vite !

1. — Avec vos voisins, est-ce que vous avez de bons contacts ?
— ....

2. — Est-ce que vous avez envie d'acheter une maison ?
— ....

3. — Est-ce que vous vous occupez de politique ?
— ....

4. — Est-ce que vous donnez de l'argent de poche à vos enfants ?
— ....

5. — Est-ce que vous pensez à l'anniversaire de vos amis ?
— ....

6. — Est-ce que vous répondez aux sondages avec plaisir ?
— ....

7. — Est-ce que vous vous moquez de vos collègues ?
— ....

8. — Vous vous intéressez un peu aux jeunes ?
— ....

Participer à un débat

 Unité 3

 Lisez le tableau ci-dessous, écoutez ces répliques puis remplissez la grille selon le modèle.

Interrompre pour approuver	Interrompre pour contredire	Mener le débat
Ça, c'est vrai ! En effet… Absolument, comme vous, je pense… Ah ! là, vous avez raison ! Oh oui ! parfaitement d'accord ! Tout à fait, je suis d'accord avec vous.	Ah non ! je ne partage pas le point de vue de… Là, je vous arrête, moi, je crois que… Pas du tout, il ne s'agit pas de… mais de… Mais non ! Comment pouvez-vous dire que…? Au contraire, moi, il me semble que… Pardon de vous couper la parole, mais je tiens à préciser que…	Je me tourne vers M. Brun, que pensez-vous de…? Qui veut prendre la parole ? Qui voudrait répondre à…? J'aimerais avoir l'avis de… sur le problème de… À qui est-ce de prendre la parole ? Revenons-en au problème de…

	Interrompre pour approuver	Interrompre pour contredire	Mener le débat	Objet du débat
1			X	L'emploi en l'an 2000
2				
3				
4				
5				
6				
7				
8				

9 *À partir d'un des thèmes proposés, organisez un débat. La moitié de la classe cherchera des arguments "pour", l'autre des arguments "contre" puis chaque groupe défendra ses idées en utilisant les expressions du tableau de l'exercice 8. Un étudiant mènera le débat et passera la parole aux autres.*

1. Faut-il avoir des diplômes pour réussir ?
2. Les filles étudient-elles plus que les garçons ?
3. Est-il nécessaire de créer des sources d'énergie non-polluantes ?
4. Vaut-il mieux vivre à la campagne qu'en ville ?
5. Est-ce que la culture d'Internet va remplacer la culture du livre ?
6. Le sport est-il une activité essentielle pour le bien-être ?
7. À 18 ans, est-il bon que les jeunes continuent à vivre dans leur famille ?
8. Doit-on développer la recherche génétique ?
9. Faudrait-il que tous les pays autorisent les jeunes à passer leur permis de conduire à 16 ans ?
10. Est-il juste qu'il y ait des publicités destinées à un public d'enfant ?

10 *Soulignez dans cet article les éléments qui ont permis de préparer la fiche de lecture.*

Nicole Rosa,
une femme qui assure.

L'assurance chez Nicole Rosa, c'est presque une seconde nature. Elle a passé toute sa carrière dans le même secteur. Mais depuis 1991, elle se consacre à une clientèle plus ciblée : les femmes.
«J'ai créé la compagnie des femmes après trente ans d'expérience auprès d'une clientèle plus traditionnelle.» Stagiaire dans une grande compagnie à la fin de ses études, elle crée à 26 ans sa propre agence, qu'elle transforme en cabinet de courtage puis en cabinet de courtage de réassurance. Et puis l'idée de la Compagnie des femmes s'est développée. «Je suis partie d'un constat : le milieu des assurances était (il est toujours) largement dominé par les hommes. Comment pouvaient-ils imaginer des produits plus spécifiquement pour les femmes ?»

Nous sommes en 1991. Nicole Rosa pense créer une nouvelle compagnie d'assurances pour les femmes. Mais les banquiers refusent : «Je travaillais depuis trente ans, et il me semblait pourtant avoir fait mes preuves». «Tu es une femme, tu ne fais pas le poids devant les banquiers», lui dit un ami. J'ai eu droit à d'autres «encouragements» qui m'ont été faits par mes proches. «Qu'est-ce que c'est que ces histoires de bonnes femmes ?», m'a demandé mon frère, économiste. Mon mari, lui, prétendait que si c'était vraiment une bonne idée, quelqu'un d'autre l'aurait déjà eue à ma place.»

Et bien non, personne n'y avait pensé. Et puisque Nicole Rosa ne peut emprunter d'argent, elle liquide toutes ses affaires pour monter le projet qui lui tient à cœur.

Héloïse Bolle - www.elle.fr - 12/06/00

Fiche de lecture

→ Carrière dans assurance/choix clientèle féminine à partir d'expérience professionnelle

→ Transformation de son agence/création d'un produit négligé par les hommes des compagnies d'assurance

→ Constat d'une situation dans milieu assurances

→ Position des banques/position des proches

→ Refus des banques/réalisation de son projet d'assurances

11 *Pour chacune de ces informations, trouvez un titre à l'aide de l'encadré "La nominalisation".*

Exemple : Le dernier livre de l'écrivain Jean-Marc Roberts a été publié au Seuil.
→ **Publication** du dernier livre de l'écrivain Jean-Marc Roberts au Seuil.

1. Les députés français présentent une loi pour améliorer le système judiciaire.

2. Ce film a été tourné en 1999.

3. La nouvelle Bibliothèque nationale est ouverte.

4. Demain, le courant sera coupé à cause des grèves.

5. Un avion a été détourné par des adolescents en colère.

La nominalisation	Le passif
Pour former des noms à partir de verbes, on utilise plusieurs types de suffixes :	Le passif est construit avec l'auxiliaire **être** suivi d'un **participe passé** :
-**ment** : détourne**ment** (détourner) -**tion** : présenta**tion** (présenter) -**age** : tourn**age** (tourner) -**ure** : ouver**ture** (ouvrir) coup**ure** (couper)	Le ministre accorde des augmentations aux fonctionnaires. → Des augmentations **sont accordées par** le ministre aux fonctionnaires. Degas a peint cette danseuse. → Cette danseuse **a été peinte par** Degas.

12 *Lisez le tableau "Rédiger une fiche de lecture" puis complétez la fiche réalisée à partir du texte ci-dessous.*

Depuis 1996, date de création de la Compagnie des femmes, Nicole Rosa crée des produits d'assurance et sélectionne dans les grandes compagnies ceux qu'elle juge adaptés aux femmes. Et l'entreprise s'est tellement bien développée qu'aujourd'hui les investisseurs sont nombreux à lui proposer d'entrer dans son capital.

Mais même si Nicole Rosa est avant tout une femme d'affaires, elle n'en est pas moins militante. Depuis des années, elle alerte les femmes sur la situation désastreuse de leurs retraites. «Des générations entières vont voir leur train de vie diminuer de manière considérable. C'est simple, les femmes cotisent moins que les hommes parce qu'elles ont des salaires inférieurs, et moins longtemps parce qu'elles ont souvent arrêté de travailler plusieurs années pour élever leurs enfants. Et elles comptent sur la retraite de leur mari. Elles ne savent pas toujours qu'au-delà d'un certain seuil, elles n'y auront pas droit. Et personne ne dit rien.»

Autre combat de Nicole Rosa : inciter les femmes à occuper des postes importants dans la sphère économique. «Pour moi, la parité en politique c'est une ILLUSION de pouvoir. Ce n'est pas parce que les femmes seront plus nombreuses à l'Assemblée qu'elles seront davantage écoutées. Le vrai pouvoir, c'est le pouvoir économique.»

Héloïse Bolle - www.elle.fr - 12/06/00

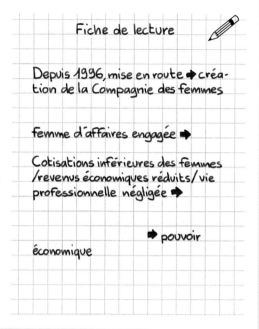

Rédiger une fiche de lecture

Pour rédiger une fiche de lecture, il faut :
- lire le texte en soulignant les mots-clés ;
- reformuler les mots-clés en utilisant si possible la nominalisation ;
- respecter les étapes du texte.

13 *Rédigez une fiche de lecture à partir de ce texte.*

Près de neuf Français sur dix se disent heureux.

"La grande affaire et la seule qu'on doive avoir, c'est de vivre heureux", affirmait Voltaire. Mais on sait que la notion de bonheur est relative et subjective ; "On n'est jamais si malheureux qu'on croit, ni si heureux qu'on l'avait espéré" écrivait La Rochefoucauld. Pourtant, malgré la morosité ambiante et les difficultés objectives, la grande majorité des Français se disent heureux. C'est peut-être d'ailleurs paradoxalement cette morosité qui les incite, par comparaison avec la situation des autres, à se sentir privilégiés lorsqu'ils ont un emploi, une famille et des revenus. Ce qui ne les empêche pas par ailleurs de craindre de les perdre et de regarder l'avenir avec angoisse. Le confort matériel s'accompagne d'un inconfort moral.

Le niveau de perception du bonheur individuel est beaucoup plus élevé que celui du bonheur collectif.

Le niveau de satisfaction exprimé par chaque Français pour lui-même est considérablement plus élevé que celui qu'il exprime à propos de l'ensemble de la société. Ainsi, les taux de satisfaction individuelle sont souvent proches de 80% dans les domaines de la sphère privée (apparence physique, santé, vie de famille, logement, vie sentimentale, vie sociale, réalisations). Ils sont beaucoup moins élevés dans les domaines collectifs (climat social, vie politique, évolution de la France, de l'Europe et du monde...).

Francoscopie 1997

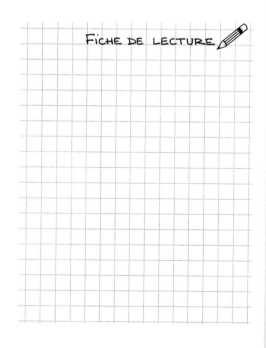

Les Français vus par les autres

14 *À la question "Qu'évoque pour vous le mot France ?", voici ce qu'ont répondu des personnalités étrangères. Lisez leurs points de vue et inscrivez sous chaque photo le numéro de l'affirmation correspondante.*

5

1. «L'amour... La France, c'est d'abord l'amour, l'amour du sens artistique, le contact avec les gens, avec l'art, la civilisation. C'est même plus fort. C'est la passion. Pour moi, la France, c'est la passion.»
   Teresa Berganza ,cantatrice madrilène.
2. «La France est aussi le pionnier de l'innovation technologique, le pays qui a mis en marche le TGV, qui s'est acquis une expérience fabuleuse dans le domaine de l'énergie nucléaire.»
   Andreas van Agt, juriste hollandais.
3. «Ce qui me plaît en France, c'est qu'il y a la loi et qu'on est protégé par elle.»
   Manu Dibango, musicien de jazz camerounais.

4. «Qu'évoque pour moi la France ? Le charme courtois des gendarmes, les films de René Clair...»
David Ogilvy, publicitaire anglais.

5. «Pourquoi je l'aime ? Probablement parce que je suis toujours étonnée par les qualités individuelles des Français : le bon sens, la créativité, le jugement critique... Mais un jour de pluie, place de la Concorde, c'est autre chose. Chacun veut avancer sans se préoccuper des autres, résultat : tout est bloqué...»
Kuniko Tsutsumi, femme d'affaires japonaise.

6. «La première présence de la France que j'ai sentie, tout enfant, à quatre ou cinq ans, je la dois à la Révolution française. D'où ces tableaux que j'ai peints, inspirés par l'histoire de France... Louis XIV, la Pompadour, Louis XVI dans sa prison...»
Fernando Botero, peintre colombien.

15 *Choisissez une réponse à ces questions et discutez-en en classe.*

Quelles célébrités représentent le mieux l'image de la France ?

Les chefs d'état : Louis XIV, Napoléon, De Gaulle, Mitterrand...
Les grands couturiers : Dior, Yves Saint Laurent, Jean-Paul Gaultier...
Les peintres : Manet, Renoir, Monet...
Les grands écrivains : Flaubert, Hugo, Proust, Camus, Sartre, Yourcenar, Gide...
Les grands scientifiques : Pasteur, Marie Curie, Luc Montagnier...
Les musiciens : Ravel, Debussy, Berlioz...
Les acteurs : Catherine Deneuve, Gérard Depardieu, Brigitte Bardot, Juliette Binoche, Daniel Auteuil...

Qu'est-ce qui caractérise le mieux la France ?

Le savoir-vivre (gastronomie, produits de luxe, vins, haute couture, parfums...)
La culture (les monuments historiques, la littérature, la peinture, les acteurs...)
L'histoire (les Croisades, la Révolution française, les guerres d'indépendance...)

Phonie - graphie
Les homophones grammaticaux (3)

 Écoutez, puis complétez les phrases à l'aide du tableau "Le son [sɑ̃]".

1. Je ne partirai pas .... Marie et Pierre.
2. Ils ont .... doute raison.
3. Elle est très aimée, est-ce qu'elle
   .... rend compte ?
4. Tu te .... bien ?
5. On .... souviendra de ces vacances !
6. Je .... qu'il va me dire non .... hésiter.
7. Il .... va en Espagne .... elle.
8. Cette fleur .... bon.

> ### Le son [sɑ̃]
> Il est resté **sans** argent.
> Nos problèmes ? Elle **s'en** moque !
> Je me **sens** en pleine forme !
> Ce parfum **sent** la vanille.

 Écoutez, puis complétez les phrases à l'aide du tableau "Le son [kɑ̃]".

1. .... penses-tu ?
2. .... on travaille, il faut du calme.
3. .... dit-il ?
4. .... on aime, on ne compte pas.
5. Monsieur, ... dites-vous ?
6. .... on veut, on peut.
7. Viens .... tu veux.
8. Ce nouvel ordinateur, ... feras-tu ?

> ### Le son [kɑ̃]
> Je suis content **quand** elle arrive.
> **Qu'en** pensez-vous ?

Oral

1 *Voici différentes photos. Décrivez-les en expliquant pourquoi elles ont été choisies pour exprimer le bonheur puis dites celle qui vous plaît le plus.*

Écrit

2 *Le magazine Marie-Claire a demandé à des écrivains de confier leurs petits secrets de bonheur. Après avoir lu le texte de Katherine Pancol, répondez aux questions.*

Le bonheur selon Katherine Pancol*

Dormir tout contre les corps chauds et doux de mes deux enfants, le bras de l'un contre ma joue, le pied lisse et abandonné de l'autre sur ma jambe. Emmêlés, tous les trois. Je ne bouge pas, je les respire, je fais provision d'amour dans le noir de la chambre. J'attrape des bouts de rêve, des soupirs, des mots incohérents, des abandons et je me sens tout à la fois frêle roseau et chêne puissant...

Mais c'est aussi... faire le tour du lac du bois de Boulogne par un petit matin lumineux et vif, avec le chien Chaussette qui course les corneilles noires et les pigeons gris et se retourne vers moi dans un éclair pour vérifier que je le suis et que je l'admire dans son rôle de chasseur intrépide.

C'est... un café en fin de matinée avec le journal à côté et le bruit des gens autour. C'est... ouvrir un livre et tomber sur une première phrase qui m'enchante. Ou rencontrer un (ou une) inconnu(e) dont une phrase me donne à penser toute la journée. C'est... c'est... à l'infini, découvrir et renifler le monde.

*Dernier roman paru : "Encore une danse" (Fayard)

1. Quels sont les êtres vivants que Katherine Pancol évoque dans ce texte ?

2. Quels sont les six plaisirs qu'elle éprouve dans la vie ?

3. Relevez les expressions qui évoquent des sensations.

3 *Lisez ces statistiques puis répondez aux questions.*

1. 72% des personnes interrogées passent leur temps à avoir des contacts avec la nature et seulement 19% ont des activités artistiques. Auriez-vous répondu de la même façon ? Expliquez pourquoi.

2. 67% passent leur temps libre à s'occuper de formalités administratives ou à faire le ménage. Et vous, à quelle activité ennuyeuse mais nécessaire dédiez-vous votre temps libre ?

3. Qu'aimez-vous faire pendant votre temps libre ?

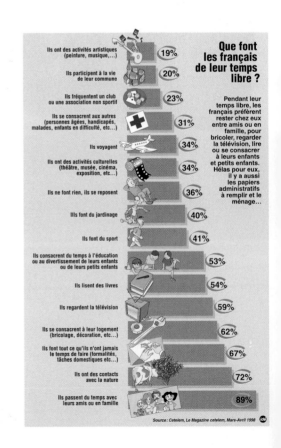

Travailler avec le CD audio

Unité 1

Le cadre de vie

Activité 1 P. 40 Exercice 1
1. M. Tout-Le-Monde équipe autrement sa maison.
2. Il n'investit plus dans les gros travaux, ceux qu'on faisait autrefois.
3. Il évite les baies vitrées, celles qui plaisaient à nos parents.
4. Leurs critères correspondent de moins en moins aux nôtres.

Activité 2 P. 41 Lexique
1. Selon ses goûts, on peut choisir plusieurs types de logement.
2. Cet appartement est spacieux, clair et moderne.
3. Mon pavillon a quatre pièces, deux chambres, un salon et une salle à manger.
4. Chez moi, à l'extérieur, il y a un jardin et une véranda.
5. Je dois acheter des meubles pour mieux aménager ma maison.
6. Je suis allée dans un magasin d'électroménager pour acheter une machine à laver.
7. Dans mon salon, il y a la télévision, un divan et une chaîne hi-fi.
8. Dans le couloir, il y a le téléphone et quelques bibelots.

Les pronoms démonstratifs

Activité 3 P. 42 "Les pronoms démonstratifs"
1. Celui qui a un balcon fleuri.
2. Celui du dernier étage.
3. Ceux-ci ou ceux-là.
4. Ceux de la bibliothèque de mes parents.
5. Celle que tu aimes aussi.
6. Celle avec le col en velours.
7. Celles-ci et celles-là.
8. Celles dans le vase bleu.

Activité 4 P. 43 Exercice 7
1. Je choisis celle du haut parce qu'il y a plus d'air.
2. Je préfère visiter celui où il y a des tableaux de Gauguin.
3. Je choisis celle près de l'ascenseur, c'est plus pratique pour les courses.
4. Celui du sixième étage est plus clair.

Les pronoms possessifs

Activité 5 P. 44 "Les pronoms possessifs"
1. Quel est le tien ?
2. Quel est le nôtre ?
3. Le mien, c'est celui-là.
4. Et tous les téléphones deviennent un peu le vôtre.

Le cadre de vie

Activité 6 P. 45 "Exprimer la possession"

1. À qui est ce livre ?
2. À qui appartiennent ces bateaux ?
3. Ce dictionnaire ? C'est le mien.
4. Ces bijoux ? Ce sont les siens.
5. Cette villa n'est pas à eux, elle est à leurs parents.
6. Cette moto ? C'est celle de Julia.
7. Ces tableaux ? Ce sont ceux de mes cousins.
8. C'est mon vélo.
9. Ces disques ? Ils m'appartiennent.

Activité 7 P. 46 Exercice 13
1. Non, c'est celle de son frère.
2. Non, ils appartiennent à leur camarade Guy.
3. Il n'est pas à eux, c'est celui des Renoir.
4. Non, elles sont à mon neveu.
5. Ce sont les siennes.

Les homophones grammaticaux (1)

Activité 8 P. 50 Exercice 22
1. Ce sont toujours les mêmes qui se taisent.
2. Je ne pense pas que ces gens aient tort.
3. C'est trop bon ! Paul est un grand cuisinier.
4. Ma mère voudrait que j'aie du temps pour sortir avec elle.
5. On s'est réveillés trop tôt, c'est idiot !

Unité 2

Être en forme

Activité 1 P. 51 Exercice 1
1. Quelqu'un pourrait me dire : "Travaille moins."
2. C'est sûrement vrai, mais je n'y arrive pas.
3. Toutes les nuits, quelque chose me réveille.
4. Rien ne doit m'échapper.
5. Certes, ce n'est pas la compagnie qui me manque.
6. Je sais, vous aurez du mal à me croire.

Activité 2 P. 52 Lexique
1. Il va très bien, il a la pêche.
2. Grâce à mes vacances, j'ai fait le plein d'énergie.
3. Oh, le pauvre, il a l'air tout raplapla !
4. Hier, elles ont eu un coup de pompe en fin de journée.
5. Jean est surmené à cause de ses examens.

Les pronoms indéfinis

Activité 3 P. 52 "Les pronoms indéfinis"
1. Tu as dit quelque chose ?
2. Non, je n'ai rien dit.
3. Je n'ai rencontré personne dans la rue.
4. Mon fils n'a rien dit.

Activité 4 P. 53 Exercice 7
1. Il ne répond rien.
2. Il n'écoute personne.
3. Il ne fait rien.
4. Personne ne peut la calmer.

5. On ne peut rien lui dire.
6. Il n'a rien aimé dans son voyage.

Exprimer son étonnement / admettre un fait

Activité 5 📖 P. 54 "Exprimer son étonnement"
1. Tu te rends compte !
2. C'est surprenant !
3. J'ai du mal du mal à le croire !
4. Sans blague !
5. Je n'en reviens pas !
6. Je ne l'aurais jamais cru !
7. Incroyable ! C'est étonnant !
8. C'est pas vrai !

Activité 6 📖 P. 54 "Admettre un fait"
1. C'est sûrement vrai !
2. Il n'y a pas de doute !
3. Il est évident que tu as raison !
4. Cela va de soi !
5. Bien sûr !
6. Certes !
7. Naturellement !

Activité 7 📖 P. 54 Exercice 9
1. Non, mais c'est pas vrai ! C'est trop cher !
2. Il n'y a pas de doute, ils sont amis avec la famille de mon chef !
3. Je ne l'aurais jamais cru de votre part ! Un tel retard !

Les homophones grammaticaux (2)

Activité 8 📖 P. 59 Exercice 18
1. Son rhume ? C'est à la mer qu'il l'a attrapé.
2. Tu as toujours de drôles d'idées ! Aller à la piscine à 22 heures !
3. Il nous ont fait un beau cadeau et on ne les a même pas remerciés.
4. Quand ont-elles commencé leur travail là-bas ?

Unité 3 💿

Le bonheur

Activité 1 📖 P. 60 Exercice 1
1. 85% des Français y croient.
2. Ah non ! je ne partage pas le point de vue de M.Brun.
3. Pardon de vous couper mais j'aimerais dire que pour moi, c'est une recherche personnelle.
4. Tout à fait d'accord !
5. Alors, qui veut prendre la parole pour conclure notre émission ?
6. Nous cherchons ainsi à en profiter.

Activité 2 📖 P. 61 Lexique
1. Pour être heureux, il faut avoir une bonne profession et être riche.
2. La célébrité et la beauté ne sont pas si importantes que ça.
3. En famille, je me sens détendue.

4. Sa situation familiale s'est améliorée.
5. Pour moi, le bonheur, c'est de vivre dans un grand confort matériel.

En / y

Activité 3 📖 P. 61 "En / y"
1. Oui, j'en veux.
2. Oui, j'en veux bien une.
3. Oui, j'en ai bien besoin.
4. Non, je ne me souviens pas d'elle.
5. Oui, je m'y intéresse.
6. Oui, il y pense sérieusement.
7. Ah, ça oui ! je pense beaucoup à eux.

Activité 4 📖 P. 62 Exercice 7
1. Oui, avec eux, j'en ai de très bons.
2. Oui, j'en ai envie.
3. Non, je ne m'en occupe pas.
4. Oui, j'y pense toujours.
5. Non, je n'y réponds jamais.
6. Non, je ne me moque jamais d'eux.

Participer à un débat

Activité 5 📖 P. 63 "Interrompre pour approuver"
1. Ça, c'est vrai ! En effet, tout le monde le dit.
2. Absolument, comme vous, je pense qu'il faut voter.
3. Ah ! là, vous avez raison !
4. Oh oui ! parfaitement d'accord !
5. Tout à fait, je suis d'accord avec vous.

Activité 6 📖 P. 63 "Interrompre pour contredire"
1. Ah, non ! je ne partage pas le point de vue de ma mère.
2. Là, je vous arrête, moi, je crois que tout est possible.
3. Pas du tout, il ne s'agit pas de dire non, mais de dire oui.
4. Mais non ! Comment pouvez-vous dire que c'est impossible ?
5. Au contraire, moi, il me semble que cette loi est juste.
6. Pardon de vous couper la parole, mais je tiens à préciser que je suis contre.

Activité 7 📖 P. 63 "Mener le débat"
1. Je me tourne vers M. Brun, que pensez-vous de ce problème ?
2. Qui veut prendre la parole ?
3. Qui voudrait répondre à Marie ?
4. J'aimerais avoir l'avis de Marc sur le problème des examens.
5. À qui est-ce de prendre la parole ?
6. Revenons-en au problème de tout à l'heure.

Les homophones grammaticaux (3)

Activité 8 📖 P. 68 "Les sons [sã] et [kã]"
1. Il est resté sans argent.
2. Nos problèmes ? Elle s'en moque !
3. Je me sens en pleine forme !
4. Ce parfum sent la vanille.
5. Je suis content quand elle arrive.
6. Qu'en pensez-vous ?

DOSSIER 3

La communication

Unité 1 - Sur le Net

Le participe présent et le gérondif
Exprimer la cause et la conséquence
Bien ponctuer
La France à l'ère d'Internet
L'intonation

Unité 2 - Au cœur de l'information

Les pronoms relatifs
Les pronoms démonstratifs neutres
Mettre en relief
Rédiger une critique de film
Les superlatifs
La télévision
Les accents

Unité 3 - Au kiosque à journaux

L'accord du participe passé
Demander des précisions
Résumer un article de presse
La presse
Le participe passé

DELF

Travailler avec le CD audio

Unité 1
Sur le Net

Correspondre

C'est l'utilisation la plus basique d'Internet. Chaque Internaute possède sa propre adresse attribuée par son fournisseur d'accès. Grâce à ce système, on envoie son texte avec ou sans pièces jointes (fichiers, sons ou images).

Apprendre

Il existe des universités, des écoles, des centres de formation, des associations qui proposent des cours en ligne. Salles de classe virtuelles, cours en temps réel, ambiance studieuse, tout y est. Les gens du Net s'intéressent beaucoup aux sites spécialisés en matière d'art ou de sciences.

Jouer

Pour eux, le Net est un jeu virtuel où le joueur se déguise et intègre un immense jeu de rôle. L'équipement minimum de l'internaute joueur est un ordinateur, un modem, une carte graphique et une carte son, un abonnement d'accès au Web et quelques adresses de serveurs de jeux, pour la plupart gratuits.

Acheter-vendre

Faire un petit shopping mondial devient un des "must" du Net. Des entreprises de plus en plus nombreuses y proposent leurs produits. Pour acheter, il suffit donc d'une carte bleue. Journaux de petites annonces et bourses d'échanges se développent également à un rythme accéléré : appartements, voitures, vélos, TV, jeux-vidéo, motos, photos...

Dialoguer

Les personnes utilisent aussi Internet pour dialoguer et pour participer à des forums ou groupes de discussion. Sur le Net, chacun cherche son "chat" et trouvera bientôt le moyen de se voir, grâce à la visioconférence. Si bien qu'à l'avenir, ce type d'échange permettra de plus en plus de se rencontrer.

Travailler

Un intranet est un système permettant aux salariés de la même entreprise de s'échanger des dossiers, d'utiliser des informations communes et de partager des connaissances entre filiales ou au sein même d'une société. Il existe, également, pour les entreprises, la possibilité de contacter des clients en leur apportant des services en ligne, sans oublier l'ouverture à l'international.

Lisez ces textes, puis écoutez l'enregistrement. Pour chaque personne interviewée, trouvez pour quelle(s) raison(s) elle utilise Internet et complétez la grille selon le modèle.

	Pourquoi ces personnes vont-elles sur le Net ?
1	dialoguer, acheter-vendre
2	
3	
4	
5	
6	

2 *Complétez ce texte à l'aide des expressions de l'encadré lexical en faisant les accords nécessaires.*

Lexique :
en direct - l'internaute - le réseau - Internet - l'écran - en différé - le message électronique - communiquer

Qui a dit que l'_____ empêcherait les hommes de se parler ? Bien au contraire ! ! ! Les millions d'_____ français se servent avant tout d'_____ pour _____ Des milliards de _____ s'échangent chaque jour entre personnes qui se connaissent et d'autres qui ne se connaissent pas. On voit naître sur le _____ des campagnes d'opinion et des contacts entre internautes éloignés de milliers de kilomètres. On échange _____ ou _____ C'est, en somme, la communication réinventée.

Grammaire
Le participe présent et le gérondif

3 *À l'aide du tableau grammatical ci-dessous, soulignez, dans ces quatre annonces, les verbes au participe présent.*

Cherche Voiture **ALLANT** à Nîmes vers le 14 Juin. Téléphoner après 20 heures au 01.44.48.39.27

FAMILLE ANGLAISE CHERCHE JEUNE FILLE POUVANT GARDER TOUTE LA JOURNÉE BÉBÉ DE 6 MOIS. TEL. HEURES DE BUREAU AU : 01.45.37.68.16

Jeune homme américain de 23 ans désirant se perfectionner en français cherche jeune fille ou jeune homme français pour un échange de conversation. TEL : 01.42.55.37.11

Famille parisienne cherche famille vivant en Bretagne voulant échanger leur maison pendant le mois d'août. Tel : 01.44.99.56.16

Le participe présent

1. Le participe présent est un mode invariable, qui se forme avec **le radical de la première personne du pluriel du présent de l'indicatif + la terminaison "ant".** nous **fais**ons → fais**ant**

2. Formes irrégulières : être → **étant** - avoir → **ayant** - savoir → **sachant**

3. Il a la valeur d'une proposition :
a. relative : C'est un livre **parlant** (= qui parle) de l'histoire des Gaulois.
b. de cause : **Étant** un peu fatiguée (= comme elle était fatiguée), elle a préféré rester chez elle.

(!) Dans le deuxième cas, si le sujet des deux phrases n'est pas le même, le participe présent sera précédé du sujet : Hier, le **film finissant** à 22h30, nous sommes rentrés très tard chez nous.

4 *Trouvez qui sont les destinataires de ces mots d'excuses.*

1. Ma fille étant malade, je ne pourrai pas participer ce soir à la réunion de copropriétaires.
2. Ma voiture étant en panne, je ne viendrai pas passer le week-end en Normandie avec vous.
3. Ma banque me refusant un prêt, je ne pourrai malheureusement pas acheter votre appartement.
4. Les pilotes d'Air France étant en grève, je ne pourrai pas revenir au bureau lundi comme prévu.
5. Mon mari n'ayant pas de vacances cette année, nous ne pourrons pas passer le mois d'août en Bretagne comme l'année dernière.

a. *votre chef de bureau*
b. *le syndic de votre immeuble*
c. *des amis qui vous invitent à passer vos vacances chez eux*
d. *le propriétaire d'un appartement que vous vouliez acheter*
e. *vos grands-parents qui vous attendent toutes les fins de semaine*

1				
b				

 Écoutez, écrivez les participes présents entendus puis indiquez la cause et la conséquence de ces actions.

Exemple : Les enfants partant en vacances, nous sommes heureux d'accepter votre invitation.

	participe présent	cause	conséquence
Exemple	partant	départ des enfants	acceptation de l'invitation
1			
2			
3			
4			
5			

 6 *À partir des indications données, écrivez des petites annonces en utilisant un verbe au participe présent.*

Exemple : Vous êtes portugaise, vous avez 20 ans et vous cherchez une famille qui puisse vous loger. → Cherche famille **pouvant** loger jeune fille portugaise pendant un mois.

1. Vous avez deux enfants et vous cherchez une jeune fille qui désire les garder en échange du logement gratuit.

....

2. Vous cherchez une secrétaire pour votre bureau. Cette secrétaire connaîtra l'espagnol et l'anglais.

....

3. Vous cherchez quelqu'un qui joue bien au bridge et qui soit disponible pour donner des cours.

....

4. Vous cherchez quelqu'un qui aime les animaux pour qu'il puisse s'occuper de votre chat pendant votre absence.

....

7 *À l'aide de ces documents, complétez le tableau du gérondif.*

J'entretiens mes dents en m'amusant

BROSSISSIMO

Le gérondif

1. Le gérondif se forme avec _____ précédé de la préposition _____

2. Il a la valeur d'une proposition de cause, de simultanéité ou de manière :
En rentrant, il a perdu ses clés.
En écoutant ce CD, les élèves améliorent leur prononciation.

(!) Les sujets des deux propositions doivent être les mêmes :
En allant (= pendant que **j'allais**) au cinéma, **j'ai rencontré** mon amie Isabelle.

8 *Formez une phrase avec un verbe au gérondif selon le modèle.*

Exemple : Il fait sa toilette / il écoute de la musique.
→ **En faisant** sa toilette, il écoute de la musique.

1. Il rentre à la maison à six heures / il fait les courses.

2. J'ai utilisé mes connaissances en mécanique / j'ai réparé la mobylette de mon fils.

3. Il discute / il lève le ton de sa voix.

4. Ce matin, j'ai regardé le ciel / j'ai vu qu'il allait pleuvoir.

9 *Quelles solutions proposeriez-vous à une amie qui vous demande des conseils ? Employez des verbes au gérondif.*

Exemple : elle voudrait maigrir mais elle ne sait pas comment faire.
→ **En faisant** du sport et **en mangeant** moins, tu vas maigrir !

1. Son mari travaille beaucoup, ses enfants sont à l'école toute la journée et elle s'ennuie beaucoup.
2. Elle va travailler en voiture et, tous les jours, à cause de la circulation, elle arrive en retard au bureau.
3. Elle voudrait partir en vacances mais elle n'a pas beaucoup d'argent.

10 *Regardez ces publicités, lisez les tableaux "exprimer la cause" et "exprimer la conséquence", puis indiquez ce que leurs slogans expriment en cochant la case "cause" ou "conséquence" et en écrivant l'expression qui a été utilisée.*

Un jour on s'aperçoit que tout est fait pour nous inciter à trop consommer. Alors on devient client chez Ed.

❶

Puisque les bébés ne parlent pas, Carrefour a conçu une semelle qui parle à leur place.

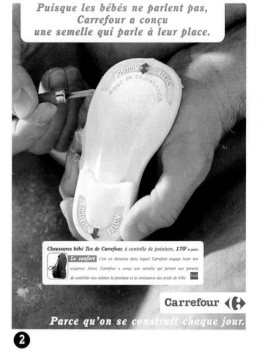

Parce qu'on se construit chaque jour.

❷

	cause	conséquence	expression utilisée
1			
2			

Exprimer la cause

1. **Parce que, car, puisque :**
   Nous sommes en retard **parce que** le concert a duré plus de trois heures.
2. **Grâce à** (pour indiquer une cause positive), **pour** et **à cause de** (pour indiquer une cause négative) + nom / pronom :
   Grâce à toi, j'ai pu préparer la réunion de demain en moins de deux heures.
   À cause de ses ennuis d'argent, il n'a pas pu partir en vacances.
3. **Le participe présent :**
   Votre fils **étant** absent, je n'ai pas pu lui remettre son devoir.

   🛈 **Puisque** reprend une cause déjà connue de l'interlocuteur :
   Pourquoi es-tu en colère ?
   — Parce que j'ai perdu mon portefeuille.
   Tu le sais bien, **puisque** tu étais avec moi quand on me l'a volé.

Exprimer la conséquence

1. **donc, alors, c'est pourquoi, par conséquent, si bien que**
   Il pleut : nous avons **donc** décidé de reporter l'excursion.
2. **tellement que (qu')** + phrase
   Elle travaille **tellement que** je ne la vois jamais.
3. **tellement de** + nom + **que (qu')**
   Elle a mangé **tellement de** gâteaux **qu'**elle a été malade.

11 *Unissez les phrases de la colonne de gauche avec les phrases de la colonne de droite selon le modèle.*

Exemple : 1 - *e*

1. Il est tellement irresponsable
2. Son contrat de travail n'a pas été renouvelé
3. Le nombre d'inscrits dans cette école a augmenté.
4. Il était très énervé
5. Jacqueline ne dit jamais la vérité

a. c'est pourquoi personne ne lui fait plus confiance.
b. si bien qu'il est allé faire une promenade pour se calmer.
c. par conséquent il cherche du travail.
d. Alors le directeur a recruté deux nouveaux enseignants.
e. que je ne veux pas lui prêter ma voiture

12 *À l'aide des expressions de cause, écrivez ce que vous diriez dans les situations suivantes.*

Exemple : Expliquez à vos enfants pourquoi vous n'êtes pas content(e) d'eux en ce moment. *(Ils n'étudient pas beaucoup, ils ont de mauvaises notes à l'école...)*
→ Je ne suis pas content(e) de vous **parce que** vous n'étudiez pas beaucoup...

1. Expliquez à votre voisine pourquoi elle vous dérange. *(Elle fait du bruit en rentrant la nuit, elle fait tomber l'eau sur votre balcon quand elle arrose ses plantes, elle met la musique très fort jour et nuit...).*

2. Expliquez à une vendeuse du magasin de vêtements pourquoi vous ne voulez pas acheter le pull qu'elle vous propose. *(La taille est trop grande pour vous, la laine n'est pas de très bonne qualité, le prix est trop élevé...)*

3. Expliquez à votre propriétaire pourquoi vous voulez faire des travaux dans votre appartement. *(Les murs sont sales, le salon n'est pas assez spacieux, la moquette de la chambre des enfants est tachée...)*

4. Expliquez à votre patron pourquoi vous ne pouvez pas vous charger de ce nouveau dossier. *(Vous êtes surchargé(e) de travail, le dossier demande des connaissances en informatique dont vous ne disposez pas, vous devez vous absenter pour des raisons familiales...)*

13 *Lisez ces titres de journaux et indiquez les causes et les conséquences de ces événements.*

Exemple : Ouverture d'un nouveau supermarché : création d'emplois.
→ Grâce à l'ouverture d'un supermarché, de nouveaux emplois seront créés.
Un supermarché va s'ouvrir, si bien que de nouveaux emplois vont être créés.

1. Sortie du fameux CD du jeune chanteur Guy Sollars : succès assuré pour ses futurs concerts.
2. Intervention de la police : un attentat a été évité.
3. Journée Mondiale de l'Alimentation : de nombreux chefs d'État réunis à Rome.
4. Problèmes de circulation dans les grandes villes : plan mis en place par la municipalité.
5. La France championne du monde de football : toutes les villes françaises font la fête.
6. Protestation des parents d'élèves : nomination de nouveaux enseignants pour la prochaine rentrée scolaire.

14 *Observez ces extraits de presse et complétez le tableau "Bien ponctuer".*

Courrier électronique : vers une révolution de l'écriture

160 millions d'internautes, dont 5 millions de Français, utilisent couramment l'e-mail pour correspondre. La spontanéité et l'émotion renversent les règles de l'orthographe, de la grammaire et de la syntaxe. De nouveaux symboles apparaissent. Mais l'enveloppe timbrée se porte toujours bien.

TROIS QUESTIONS À... MARTIN VIAL

1 Vous êtes directeur général de la poste. Avez-vous noté des changements dans l'utilisation du courrier traditionnel depuis l'arrivée de l'e-mail ?
"Depuis deux ans, le chiffre d'affaires "courrier" augmente de façon significative (+4,2% en 1999) sous l'effet de la croissance globale du marché de la communication (il représente 20% du volume des échanges) et notamment d'Internet. Le développement du commerce électronique agit en effet comme un stimulant pour les échanges matériels. Une part importante de la publicité personnalisée transite ainsi par la Poste."

Âge et sexe

Répartition par âges des utilisateurs Hotmail France
- Moins de 18 ans : 8%
- 18-20 ans : 8%
- 21 - 24 ans : 26%
- 25 - 34 ans : 38%
- 35 - 44 ans : 11%
- 45-49 ans : 3%
- 50 - 54 ans : 3%
- Plus de 55 ans : 3%

Répartition par sexes
- Hommes : 64%
- Femmes : 36%

Microsoft, Février 2000

"Nous multiplions par deux le nombre d'abonnés tous les six mois. Un rythme de croissance qui fera bientôt entrer le mail dans les mœurs des Français."

Extrait du *Monde* 21/04/00

Bien ponctuer

La ponctuation est essentielle pour structurer un texte écrit. Souvent, un signe de ponctuation mal placé peut en changer le sens.

- _____ ☐ marque la fin d'une phrase.
- _____ ☐ sépare des mots ou groupes de mots équivalents.
- les deux points ☐ introduisent l'explication de ce qui vient d'être affirmé.
- le point virgule ☐ sépare deux éléments d'une même affirmation, en marquant moins abruptement la fin d'une phrase que le point.
- le point d'exclamation ☐ marque la fin d'une phrase exclamative.
- _____ ☐ indique la fin d'une phrase interrogative directe.
- _____ ☐ encadrent les citations.
- _____ ☐ encadrent une explication annexe. Les parenthèses peuvent être remplacées par des tirets ☐ .
- les points de suspension ☐ marquent une interruption dans la phrase en fin d'énumération.

❗ Le mot qui suit un point, un point d'interrogation ou un point d'exclamation commence par une lettre majuscule.

15 *Corrigez ces messages électroniques en les ponctuant et en mettant des majuscules si nécessaire.*

1. je t'ai retrouvé dans l'annuaire hotmail on a passé notre licence ensemble à Tours j'aimerais te revoir quand tu viens dans la région
2. j'essaie de t'appeler mais ton téléphone est tout le temps occupé avec qui tu parles j'aimerais vraiment le savoir il faut que je te dise un truc urgent devine quoi
3. j'ai vu Luc il m'a dit on se voit ce soir je ne sais pas s'il faut que je sorte avec lui ou non qu'est-ce que tu en penses
4. un petit bonjour avant d'aller au travail j'essaierai de t'envoyer un mail du bureau si j'en ai le temps passe une bonne journée et surtout ne travaille pas trop ma chérie bisous

16 *Corrigez cet extrait d'article de presse en le ponctuant et en mettant des majuscules si nécessaire.*

Pour réussir sur le Net il n'est pas toujours nécessaire de lever des fonds auprès des investisseurs pour preuve Anne Delagrange 45 ans a créé sans capitaux extérieurs avec son mari Pierre Dumas l'un des sites féminins les plus en vogue sur le Web 4200 visites par jour c'est un choix je refuse d'avoir à rendre des comptes à des financiers explique-t-elle mais l'indépendance a un prix Anne ne compte pas ses heures de travail car elle doit assurer sa présence à tous les niveaux.

17 *Regardez les graphiques et lisez les documents, puis complétez chaque affirmation en cochant la phrase correcte.*

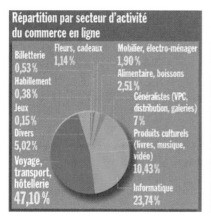

Le Point, 10/03/00

Le Monde Interactif, acteur majeur de l'information sur Internet

Créé en juin 1998, Le Monde Interactif est opérationnel depuis janvier 1999. Il s'appuie, en mai 2000, sur une équipe de 20 journalistes et affiche un chiffre d'affaires de 13 millions de francs pour 1999, supérieur aux prévisions. Son activité a notamment porté sur la mise à disposition d'informations à des entreprises. L'équipe du Monde Interactif produit également le supplément interactif du quotidien consacré aux nouvelles technologies. Outre la vente de contenu, le chiffre d'affaires du Monde Interactif a été réalisé à partir de la vente de publicité, en croissance supérieure aux prévisions.

Le Monde du 22/5/2000

En direct sur le net

Après le téléphone et le Minitel, Internet. La nouvelle stratégie de la Banque Directe, filiale du groupe BNP-Paribas, se résume à son slogan publicitaire : "En direct sur le Net". C'est un établissement bancaire misant désormais sur la Toile pour développer ses activités. La Banque Directe a d'abord connu une phase de développement d'activités par téléphone et Minitel et c'est en 1997 qu'elle a ouvert un site Web transactionnel. Une première en France.
"www.banquedirecte.fr" est, aujourd'hui, une banque à part entière, offrant en ligne toutes les opérations bancaires courantes.

Le Monde Interactif du 3/5/2000

1. Les Français utilisent surtout le commerce en ligne
   - [ ] pour acheter livres et disques.
   - [ ] pour organiser leurs vacances.
   - [ ] pour acheter des objets de décoration pour la maison.

2. En 1999, le nombre d'internautes en France
   - [ ] a doublé par rapport à l'année précédente.
   - [ ] est devenu une fois et demie celui de l'année précédente.
   - [ ] n'a pas augmenté.

3. "Après l'école" est un site qui permet aux enfants
   - [ ] de jouer.
   - [ ] d'envoyer des messages électroniques.
   - [ ] d'étudier en s'amusant.

4. Le Monde Interactif est essentiellement destiné
   - [ ] aux particuliers.
   - [ ] aux entreprises.
   - [ ] aux universités.

5. "En direct sur le Net" est un slogan publicitaire
   - [ ] d'une compagnie téléphonique française.
   - [ ] d'une banque en ligne.
   - [ ] d'un service Minitel.

L'intonation

Écoutez, cochez la phrase enregistrée en étant attentif à la ponctuation puis lisez-la.

1. ☐ Dis donc, tu ne m'as pas appelé hier soir ! Tu exagères ! Moi qui t'attendais pour sortir ! Mais, tu es peut-être fatigué...
   ☐ Dis donc, tu ne m'as pas appelé hier soir ? Tu exagères ! Moi qui t'attendais pour sortir ! Mais, tu es peut-être fatigué ?

2. ☐ Qu'est-ce que vous me dites ? Qu'il est absent !
   ☐ Qu'est-ce que vous me dites ? Qu'il est absent ?

3. ☐ Donne-moi de l'argent ! Je n'en ai plus ? Eh oui, tu me connais...
   ☐ Donne-moi de l'argent ! Je n'en ai plus... Eh oui, tu me connais !

4. ☐ Zut ! La clé ne marche pas ! Il est vraiment incapable, ce serrurier ! Tu sais ce qu'il a fait : il l'a refaite déjà trois fois et elle ne marche toujours pas !
   ☐ Zut, la clé ne marche pas. Il est vraiment incapable, ce serrurier ! Tu sais ce qu'il a fait ? Il l'a refaite déjà trois fois et elle ne marche toujours pas...

Écoutez, soulignez là où l'accentuation est la plus forte, puis lisez ces phrases.

Exemple : Il fait b<u>eau</u>. / Il fait b<u>eau</u>, aujourd'<u>hui</u>. / Il fait b<u>eau</u>, aujourd'hui, à Par<u>is</u>.

1. La semaine prochaine, je pars. La semaine prochaine, je pars en Angleterre.
   La semaine prochaine, je pars en Angleterre avec mes amis.
2. J'aime le cinéma. J'aime le cinéma français. J'aime le cinéma français et le cinéma américain.
3. Il adore faire la cuisine. Il adore faire la cuisine orientale.
   Il adore faire la cuisine orientale avec des ingrédients exotiques.

Écoutez, ponctuez ce sketch en mettant des majuscules si nécessaire, puis lisez-le.

Voix : — qu'est-ce que c'est ☐
Livreur : — ce sont les sacs de mots que vous avez commandés ☐
Voix : — une seconde ☐
(on ouvre la porte)
Mme X. : — ah ☐ tous les mots y sont ☐
Livreur : — tous ☐ deux sacs de mots courants ☐ des mots sans suite ☐ et il y a même un mot de trop ☐
Mme X. : — et ce petit sac ☐
Livreur : — ce sont les ponctuations ☐ les points ☐ les virgules ☐ etc ☐

Raymond Devos *Sens dessus dessous*

L'intonation

1. Dans les phrases interrogatives, on a une inflexion **montante**.
   — C'est d'acc**ord** ? ↗
2. Dans les phrases affirmatives, négatives ou exclamatives : on a une inflexion forte sur la dernière voyelle dans un mot ou un groupe de mots. Elle peut être **montante**...
   — Hour**ra**, on a gagné ! ↗
   ou **descendante**.
   — Arrêtez de par**ler** ! ↘

🛈 1. Lorsqu'on lit un texte, on est attentif **à la ponctuation** qui permet à l'écrit de structurer la phrase et à l'oral de marquer **l'accent tonique** mettant ainsi en valeur le rythme de la phrase. Les marques de la ponctuation correspondent **à des pauses de la voix** plus ou moins importantes.
2. Un groupe de mots correspond à une idée, à une unité de sens :
L'année derni**ère**/, j'ai étudi**é**/ à la **fac**/ avec Mar**ie**/.

Unité 2
Au cœur de l'information

"Quinquennat.
Un premier pas bien franchi"

❶ politique

L'étrange personnalité du voleur de supermarchés
Une semaine après son arrestation, le voleur du supermarché, dont le père est directeur de banque, intrigue les psychiatres. Les policiers pensent qu'il serait responsable d'autres vols effectués pour le plaisir et non par intérêt.

❷

Ce soir, un opéra à ne pas manquer à Paris, La Traviata

❸

Sommet au Portugal :
un semestre de présidence française de l'Union européenne

❹

Roland-Garros :
Cédric Pioline, un français en solitaire

❺

Le C.N.P.F. estime que la situation économique s'améliore de jour en jour

❻

Réforme scolaire :
La colère des enseignants

❼

Les transports aériens : demain, grève des aiguilleurs du ciel.

❽

▲ **METEO FRANCE**

❾

 Observez ces dix documents et écrivez sous chacun d'eux à quelle rubrique ils correspondent. Puis écoutez et indiquez quelles informations le journaliste a reprises dans le bulletin radio.

Rubriques
Politique, étranger, économie / social, faits divers, sport, météorologie, spectacles / arts, radio-télévision

document	1	2	3	4	5	6	7	8	9	10
information reprise à la radio	X									

Écoutez, puis complétez ce texte à l'aide de l'encadré lexical.

Lexique :
l' interview - l'actualité - l'audience - l'auditeur (trice) - l'animateur (trice) - l'information (l'info)
la station radiophonique - le programme - diffuser - émettre - toucher un public

Salut, vous êtes sur Radio Bahut !

Rien de plus passionnant que de monter un projet radiophonique, avec de vrais .... et bien entendu de vrais .... Le problème est de .... des .... qui permettent de .... un vaste .... et ainsi d'augmenter l' .... de la .... Il faut aussi .... 24h sur 24, en proposant des thèmes d' .... , des .... amusantes, et des .... étonnantes.

Grammaire
Les pronoms relatifs

3   *Lisez le tableau sur "les pronoms relatifs", observez ces documents puis répondez aux questions.*

Exemple : document **a** : Dans quelles villes fait-il bon vivre ?
→ Il fait bon vivre **dans** les villes du nord et aussi du sud.

a *Les villes où il fait bon vivre se trouvent aussi bien au nord qu'au sud.*

b C'était l'année où les Français sont devenus champions du monde de football.

d

JE VIENS D'INVENTER LE STYLO QUI N'ÉCRIT PAS

POUR LES AUTEURS QUI N'ONT PAS D'IDÉES

c "Ma vie folle" : le livre dont tout le monde parle à la rentrée.

e La France fête la victoire que tout le monde attendait. Auxerre 4 à 2 !

1. Document **b** : Qui est l'auteur du livre ?
2. Document **c** : Que s'est-il passé d'exceptionnel cette année-là ?
3. Document **d** : Qu'est-ce qu'il a de particulier ce stylo ?
4. Document **e** : Qu'est-ce que tout le monde attendait ?

Les pronoms relatifs	
Qui est sujet.	→ Je fais un travail **qui** m'intéresse.
Que est complément d'objet direct.	→ C'est le cadeau **que** j'ai acheté pour sa fête.
Dont remplace un complément précédé de la préposition **de**.	→ On a des amis **dont** la maison est très belle. (La maison **des** amis)
Où est complément : - de lieu	→ La ville **où** il a vécu est très agréable.
- de temps	→ Le jour **où** j'ai eu mon Bac, mes parents m'ont offert une voiture.

4 *Devinez de quoi ou de qui on parle. Puis, à votre tour, inventez des devinettes en utilisant "qui", "que", "dont", "où".*

> **Exemple :** C'est un acteur très connu qui a joué Cyrano de Bergerac
> → Gérard Depardieu.

1. C'est une fleur qui est blanche et qui permet de savoir si quelqu'un vous aime…
2. C'est un tableau qui se trouve au Louvre et dont tout le monde admire le sourire…
3. C'est un endroit où il y a beaucoup d'argent…
4. C'est le jour où les Français se sont emparés de la Bastille…
5. C'est un livre écrit par Camus dont le personnage principal s'appelle Meursault…
6. C'est un objet que les fumeurs utilisent tout le temps…
7. C'est l'année où les Alliés ont débarqué en Normandie…

5 *Formez des phrases avec les éléments proposés en utilisant "dont" et "où".*

> **Exemple :** C'est le jour **où** je me suis marié.

C'est le jour
on parle beaucoup
c'est la semaine
j'ai envie
elle est jalouse
Elle regarde avec amour son fiancé
c'était le mois
je suis tombé
Dont
Où
je me suis marié
Voilà le jour
tu as été satisfait
j'ai le nom de l'hôtel
on a volé ma voiture
j'aimerais rencontrer cet écrivain
le metteur en scène est génial
allez voir cette pièce
voilà la robe
il a plu tout le temps

6 *Complétez ces phrases avec un nom et en utilisant "qui", "que", "dont" et "où".*

> **Exemple :** C'est **un ami dont** je suis sûr!

1. Ils se sont connus ……………… ……………… ……………… ils avaient 20 ans.
2. C'est un étrange ……………… ……………… j'ai passé ma jeunesse.
3. Paul a épousé ……………… ……………… est née au Mali.
4. C'est ……………… ……………… a été inventé au XXᵉ siècle.
5. Ce sont ……………… ……………… ……………… la presse parle.
6. Tu verras, tu vas aimer ……………… ……………… ……………… j'ai découvert au Mexique.

7 Lisez le tableau "Mettre en relief", observez ces documents puis soulignez les mots mis en relief.

Les pronoms démonstratifs neutres
1. Ce (c')
C'est un très beau panorama !
Ce que j'aime, c'est son humour.
Fais **ce** qui te plaît.
2. Cela (ça) / ceci
Cela vous ennuirait de répéter ?
Ça va comme **ça** ?
Écoute bien **ceci** : tu ne sortiras pas ce soir !

Mettre en relief

Tes amis, ils sont adorables !
Tu **les** as vues, **ces émissions** ?

C'est toi **qui** décides !
C'est le chocolat **que** je préfère!

Ce que je déteste, **c'est** la glace à la fraise !
Ce qui est bien, en été, **c'est** d'aller à la piscine !

Les bonbons à la menthe, **voilà ce que** j'adore.
Voilà le livre **dont** on parle partout.

8 *Écoutez, puis lisez ces phrases en suivant la courbe intonative indiquée.*

1. Ce que je déteste, c'est les gens énervés !

2. Moi ? C'est la mer qui me plaît !

3. Un film policier , voilà ce qu'on devrait voir !

4. Vous les connaissez, ces gens ?

5. C'est tout à fait vrai ce que tu dis !

6. Avant de parler, réfléchissez bien à ce que vous dites.

7. C'est vrai que Jean arrive demain ?

8. Ce pavillon en vente, tu penses que c'est une affaire ?

9 *Écoutez, puis complétez la grille selon le modèle.*

	objet du dialogue	interlocuteurs
exemple	l'examen	deux étudiants
1		
2		
3		
4		
5		
6		
7		
8		

10 *Faites des appréciations positives ou négatives en insistant sur ce que vous avez aimé ou détesté.*

> **Exemple :** le dernier film de Tavernier
> → Moi, ce qui m'a ému, c'est l'histoire ! Et puis c'est sa façon de décrire les personnages qui me plaît ! Ça, c'est du grand cinéma !

1. La manière de jouer d'un guitariste : _____

2. La façon de travailler de votre collègue : _____

3. Le cadeau que vous a fait votre fiancé(e) : _____

4. Le comportement de votre ami(e) d'enfance : _____

5. L'aménagement des rythmes de travail : _____

6. Le passage à l'euro : _____

7. Les nouvelles découvertes technologiques : _____

11 Lisez ces extraits de deux critiques de films qui ont été mélangées, puis complétez la grille.

La Crise

❶ Film français de Coline Serreau (1992). Scénario : Coline Serreau. Image : Robert Alazraki. Musique : Sonia Wleder Atherthon. Chrétiens-Médias : adultes, adolescents. Rediffusion. 16/9. ST.
Vincent Lindon : Victor. Zabou : sa sœur. Maria Pacôme : sa mère. Yves Robert : son père. Patrick Timsit : Michou.

❷ L'histoire. Marion passe l'été dans une villa de la côte normande avec sa jeune cousine Pauline. Sur la plage, elles rencontrent Pierre, un ancien amoureux de Marion. Il les présente à Henri, un ethnologue marié et père de famille. Marion s'éprend d'Henri, Pauline rencontre un garçon de son âge, Sylvain...

❸ Ce que j'en pense. Toujours soucieuse de capter l'air de son temps, Coline Serreau saisit le thème de la crise économique et morale contemporaine pour en faire une comédie satirique. Devant Vincent Lindon défilent toutes sortes de spécimens sociologiques : famille hystérique en partance pour le ski, médecin homéopathe, député socialiste...
Les portraits sont parfaits, les répliques sont drôles et certains sketchs sont irrésistibles.

Télérama, 21/07/99

❹ L'histoire. Conseiller juridique, Victor perd dans la même journée son travail et sa femme. Seul un brave SDF rencontré dans un bar s'intéresse à lui.

❺ Film français d'Éric Rohmer (1983). Scénario : E. Rohmer. Image : Nestor Almendros. Musique : Jean-Louis Valéro. Chrétiens-Médias : adultes, adolescents. Reprise. Amanda Langlet : Pauline. Arielle Dombasle : Marion. Pascal Gregory : Pierre. Feodor Atkine : Henri. Simon de la Brosse : Sylvain.

❻ Le genre. Comédie de mœurs.

❼ Le genre. Satire

❽ Ce que j'en pense. Rohmer a filmé ici en romancier. Ses personnages se déplacent dans un univers limité : une plage de Normandie et ses environs, en fin de saison, avec des alternances de soleil et de pluie. Rohmer décrit les grandes manœuvres de la séduction, du désir, de la vérité et du mensonge. Le film, remarquablement interprété, enthousiasme par la subtilité et la rapidité de ses enchaînements de situations. Rohmer mène les personnages jusqu'au bout de la partie, avec un amour évident pour l'expression verbale.

Pauline à la plage

	La crise	Pauline à la plage
Présentation	1	
Le genre		
L'histoire		
Ce que j'en pense		

12 Relevez dans chacune de ces critiques :

1. les personnages et leurs rapports : _____

2. l'époque et le milieu où se déroulent le film : _____

3. les expressions positives choisies par le critique pour parler du film : _____

4. les expressions négatives choisies par le critique pour parler du film : _____

13 *Lisez le tableau "Rédiger une critique de film", choisissez un film parmi ceux proposés ou si vous le désirez choisissez-en un autre. Rédigez à votre tour une critique de film.*

Rédiger une critique de film

1. **Présenter le film** : titre du film, nom du réalisateur, interprètes, genre (un film policier, un film d'horreur, un film de science-fiction, une comédie, un western, un dessin animé, un film dramatique, un film psychologique...)

2. **Raconter l'histoire** (le début, les moments-clés, la fin) :
   Ce film : - décrit la société, le milieu...
   - analyse les rapports entre...
   - trace le portrait de...
   - puis, tout à coup, la situation change...
   - l'histoire finit bien/mal.

3. **Donner une appréciation** :
   - C'est un des meilleurs films de l'année.
   - Juliette Binoche est l'actrice la plus émouvante du film.
   - Il s'agit d'une comédie amusante.
   - Ça, c'est un film qui est exceptionnel...
   - L'histoire est triste, ennuyeuse.
   - Voilà un film à éviter.
   - Vraiment, les acteurs sont mauvais...

Rappel : les comparatifs
Cet acteur est **plus/aussi/moins bon que** les autres.
Il y a **plus de (d')/autant de (d')/moins de (d')** travail qu'avant.
Elle mange **plus/autant/moins que** moi.

Les superlatifs

C'est **le** film **le plus intéressant du** cinéma français.
Voilà **la plus belle** actrice du festival de Cannes.

1. **L'article** du superlatif peut se trouver **avant ou après le nom** qui l'accompagne
2. **Meilleur(e)(s)/pire(s)** sont les superlatifs de "**bon**" et "**mauvais**" :
   C'est **la meilleure** amie de ma mère.
   Voilà **la pire** des choses que tu pouvais me dire !
3. **Très** marque un degré d'intensité absolu :
   Il s'agit d'une oeuvre **très** intéressante.

14 Observez ces documents, puis répondez par "vrai", "faux", "on ne sait pas" en cochant la case correspondante.

Le temps et la télé

Au cours de sa vie, un Français passe plus de temps devant le petit écran qu'au travail : environ 9 années, contre 6 années au travail. La durée moyenne d'écoute par personne, plus de 3 heures par jour, représente l'essentiel du temps libre.

Francoscopie 1997

Témoignage *(Du vécu, du vrai)*

"J'ai arrêté la télé et c'est le bonheur !"
Michel Rougemeont, Paris

La chance a voulu que ma télé me lâche un samedi à 19 heures. Si elle était tombée en panne une demi-heure plus tôt, je fonçais chez le dépanneur... Ce soir-là, en effet, il y avait un match de foot entre la France et l'Italie sur la première chaîne et, ne sachant trop quoi faire d'autre, je m'étais préparé à le regarder. En désespoir de cause, je suis allé traîner dans les rues, à la recherche d'un bar où la rencontre était diffusée. J'en ai trouvé un et me suis cru sauvé en m'installant au zinc, devant une bonne bière, face à l'écran. Tout à coup, une fille qui sirotait un Martini, a lancé au barman : "Il y en a marre de la télé. On vient justement chez toi pour y échapper ! Éteins et mets-nous plutôt un disque !" Je l'aurais étranglée, d'autant que ça chauffait devant les buts italiens. Sauf que... elle était ravissante, blonde avec des yeux de chat. Aussi, hypocritement, j'ai surenchéri : "Oui... un vieux Rolling Stones. Vous aimez les Stones ?" Elle aimait... Il y avait là une dizaine de filles, qui étaient venues à cause du match France-Italie. Leurs conjoints respectifs - les imprudents ! - étaient rivés devant la retransmission sportive. La blonde aux yeux de chat m'a accompagné chez moi et je crois avoir achevé de la conquérir en lançant négligemment : "Au fait, ma télé est en panne depuis des mois. Pour ce que je la regarde ! Je me demande même si je la ferai réparer un jour..." Je croyais mentir pour la séduire, mais c'est bel et bien ce qui est arrivé : ma télé est restée au point mort et tout ce à quoi je croyais tenir passionnément, des journaux de 20 heures aux films du dimanche soir, m'indiffère. Croyez-moi, arrêter la télé, c'est bien plus facile que d'arrêter de fumer. Il m'a fallu moins de deux semaines pour "décrocher" ! Maintenant, je vais au cinéma, je rencontre des amis, je lis, je consulte même les programmes télé : pas pour la voir mais pour vivre à ma façon les matchs de Coupe d'Europe. Ces soirs-là, je sors : si vous saviez combien les bars offrent de rencontres tendres, à l'heure du football !

M Magazine, mai 1998

L'ordinateur et la télévision

Les Français considèrent la télévision et le micro-ordinateur comme les deux plus grandes inventions du XXe siècle. La concurrence entre les deux objets était jusqu'à maintenant limitée par le faible nombre de foyers disposant d'un ordinateur et par le petit nombre de fonctions qu'il autorisait (jeux, traitement de texte, travail rapporté à la maison).

Mais, aujourd'hui, l'ordinateur ajoute à ses utilisations classiques le champ presque illimité des applications du multimédia, en matière notamment d'éducation avec le CD-ROM, ou de communication avec le modem qui transforme l'ordinateur en Minitel, fax, répondeur.

Il est un centre de loisirs avec les jeux interactifs de nouvelle génération, l'écoute de la musique en qualité laser avec les cartes son ou le visionnage des photos de famille numérisées sur CD-Photo. L'ordinateur commence donc à détourner une partie du temps que les Français consacraient jusqu'ici à la télévision. On le constate notamment chez les enfants, qui la regardent moins.

Francoscopie 1997

Seuls devant la **télé.**

Selon une étude du CSA, menée pour "Le Parisien", les 10-15 ans se disent très intéressés par l'actualité. La télévision serait la source d'information principale de plus des deux tiers d'entre eux et, pour la moitié, l'unique source. Trois jeunes sur quatre forment leur jugement seuls et regrettent de ne pas pouvoir parler avec leurs parents ou leurs profs de sujets qu'ils aimeraient approfondir.

Top Famille, mars 1999

L'offre des programmes est différente de la consommation

On constate un écart parfois important entre la répartition de la diffusion par genre et la répartition de la consommation (les types de programmes regardés). Ainsi, les journaux télévisés représentent 14,2% de la consommation mais seulement 5,8% de la programmation. Les films, les fictions, les jeux, le sport et la publicité sont également " surconsommés " par rapport à l'offre. À l'inverse, les magazines-documentaires, les variétés et les émissions pour la jeunesse font l'objet d'une " sous-consommation ".

Ces écarts entre l'offre de programmes et leur consommation s'explique en partie par les horaires de diffusion des différents types d'émission. Une émission diffusée en " prime time " (heure d'écoute maximale, après les journaux télévisés de 20h) est beaucoup plus regardée qu'une autre placée en fin de soirée, après 23h. Elle bénéficie donc d'une demande apparente beaucoup plus forte.

Francoscopie 1997

	vrai	faux	on ne sait pas
Les jeunes Français ne regardent pas les actualités à la télévision.			
Chaque Français passe devant la télé en moyenne 3 heures par jour.			
Les Français consacrent plus de temps à la télé qu'à l'ordinateur.			
Il est possible de survivre sans la télé, affirme Michel Rougemont dans son témoignage.			
Les Français préfèrent regarder des documentaires plutôt que des émissions sportives.			

Écoutez, puis complétez le tableau "Les accents".

les accents

Rappel : Pour bien mettre les accents, il faut distinguer entre les sons [e], [ɛ] et [ə].

1. [ə] : debout, ...

2. [e] + consonne + a, o, i, é, è. : le début ....

   [e] + voyelle : réunion ....

3. [ɛ] + consonne + e muet : poète ....

4. [ɛ] : fenêtre (fenestre) ....

La lettre **"e"** est sans accent même si le son correspond à [e] ou [ɛ], devant un **x**, devant **deux consonnes** : exercice, espoir, elle, terre ....

🛇 Mais si la deuxième consonne est un **h**, un **r**, ou un **l**, ou si la lettre **"e"** est suivie de **gn**, on met un accent : téléphone, écrire, règle, règne ....

 16 *Soulignez les lettres "e" qui se prononcent [ə].*

1. Le menu du repas est devant toi.
2. Il est responsable de l'essentiel du projet.
3. Il faut reprendre collectivement le reportage.
4. Le public refuse ce film.
5. Il nous a recommandé de ne pas refaire la même erreur.

 Écoutez, puis mettez des accents aigus ou graves sur les "e" si nécessaire.

1. Ils exagerent de selectionner uniquement leurs amis.
2. Nous esperons qu'ils en reprendront.
3. C'est un mystere bien mysterieux.
4. Soyez methodiques dans la realisation de ce projet.
5. Cette conference internationale est tres interessante.
6. Ce message a ete envoye par courrier electronique.

18 *Écoutez, puis mettez les accents nécessaires.*

Exemple : Il faut réfléchir avant d'écrire cette lettre.

1. C'est une excellente experience.
2. Examinons cette question.
3. Respectons et protegeons les elephants.
4. Il est exact que c'est une affaire personnelle.
5. Cette periode de l'annee est exceptionnelle.
6. Adressez-vous directement au technicien.
7. Ils nous suggerent de partir dans des delais brefs.
8. Les regles de securite sont elementaires dans ce service.

Unité 3
Au kiosque à journaux

Télérama
Paris-Match
L'Est Républicain
L'Officiel des Spectacles
Le Monde
L'Équipe
Capital
Le Journal de la Maison
Le Point
Femme Actuelle

Pour chaque interview, complétez la grille en indiquant la photo de la personne interrogée, les titres des journaux évoqués et le genre de ces journaux.

	photo	titres des journaux évoqués	genre des journaux
1	d	Femme actuelle L'Équipe Nice-Matin	presse féminine presse sportive quotidien régional
2			
3			
4			

2   À l'aide des interviews de l'exercice précédent, associez chaque expression relative à la presse (colonne de gauche) à sa définition (colonne de droite).

1. le magazine
2. le quotidien
3. la presse sportive
4. le reportage
5. l'éditorial
6. la "Une"
7. la presse féminine
8. l'hebdomadaire

a. première page des journaux
b. l'ensemble des journaux qui traitent des événements sportifs
c. article d'un journal écrit d'après une enquête
d. journal qui sort une fois par semaine
e. journal publié chaque jour
f. l'ensemble des journaux destinés à un public de femmes
g. article écrit, en général, par le directeur du journal ou du magazine
h. publication périodique illustrée traitant de sujets divers

1	2	3	4	5	6	7	8
h							

Grammaire
L'accord du participe passé

3   Observez ce document, puis complétez le tableau "l'accord du participe passé".

---
l'accord du participe passé
Il est **tombé** malade.
Sa sœur est également **tombée** malade.
François a **pris** une assurance-vie.
Sa femme aussi a **pris** une assurance-vie.

L'accord du participe passé

Si le verbe a un temps composé avec l'auxiliaire " _____ " est précédé d'un pronom complément d'objet direct, le participe passé s'accorde avec _____

→ La voiture ? On me **l'**a **volée**.
Ce sont les livres **que** j'ai **offerts** à Nathalie pour son anniversaire.

1. Ne confondez pas le pronom personnel d'objet direct avec **les pronoms indirects**.
   → Nous **leur** avons **parlé** de toi.
2. Si le temps composé est précédé du **pronom "en"**, le participe passé ne s'accorde pas.
   → En ce moment, j'adore les glaces, hier, j'**en** ai **mangé** trois.

4 *Complétez ces dialogues en utilisant des pronoms personnels et en motivant votre réponse.*

> **Exemple :** - Est-ce que tu as écouté les nouvelles à la radio ce matin ?
> - Non, **je ne les ai pas écoutées, j'étais pressé.**

1. — Est-ce que tu as acheté les journaux pour papi, ce matin ?
— Non, _____

2. — Est-ce que tu as vu mes parents ?
— Non, _____

3. — Avez-vous reçu la réponse que vous attendiez ?
— Non, _____

4. — Est-ce que ton chef a pris une décision ?
— Non, _____

5. — Avez-vous acheté les cadeaux de Noël ?
— Non, _____

6. — Est-ce que Charlotte et Serge ont acheté la maison sur la Côte ?
— Non, _____

5 *Complétez ce dialogue qui se déroule au poste de police de la gare de Lyon à Paris en utilisant des pronoms personnels et des verbes au passé composé.*

> **Exemple :** — Quand est-ce que vous avez vu votre pochette pour la dernière fois ?
> *(avant de partir de Lille)* → — Je l'ai vu**e** à Lille, avant de partir.

1. — Où est-ce vous avez mis votre pochette ?
(dans la valise) → — _____

2. — Où est-ce que vous avez installé votre valise dans le train ?
(sur la banquette) → — _____

3. — Est-ce que, pendant le voyage, vous avez quitté votre place dans le train ?
(non) → — _____

4. — Est-ce que vous avez téléphoné à votre sœur pour lui demander si elle avait trouvé la pochette ?
(oui, sans succès) → — _____

5. — Est-ce que vous pouvez préparer une liste des objets que contenait votre pochette ?
(bien sûr) → — _____

6 *Complétez ces dialogues en conjuguant le verbe entre parenthèses au passé composé.*

1. — Est-ce que tu as vu ma nouvelle veste ?
— La veste que Jérôme te _____ (offrir) pour ton anniversaire ? Non, je _____ (ne pas la voir).

2. — Est-ce que tu as goûté ces gâteaux ?
— Non, je _____ (ne pas les goûter), ce sont les gâteaux que Jacqueline _____ (préparer) pour l'anniversaire de son fils ?

3. — Est-ce que tes parents ont enfin acheté la villa en Bretagne ?
— Tu parles de laquelle, de celle qu'ils _____ (visiter) la semaine dernière ? Non, ils _____ (la trouver) trop chère.

4. — Est-ce qu'ils ont enfin choisi l'école pour Jules ?
— Je ne pense pas, ils en _____ (visiter) beaucoup mais toutes celles qu'ils _____ (voir) avaient quelque chose qui ne leur plaisait pas.

5. — Est-ce que tu penses que ce soir je devrais mettre mes chaussures noires ?
— Celles que tu _____ (acheter) samedi ? Oui, elles te vont très bien.

Écoutez puis, à l'aide des tableaux, complétez la grille.

Poser des questions	Demander des précisions
Vous pouvez m'indiquer l'heure du départ ?	Je n'ai pas bien compris...
Est-ce que tu peux m'acheter du pain ?	Pourriez-vous me préciser si... ?
Quand est-ce qu'on part ?	Ça veut dire quoi ?
Pourquoi m'avez-vous appelé ?	Je vous demande pardon, mais...?
Tu vas où en vacances, cette année ?	Qu'est-ce que vous entendez par... ?
	Puis-je encore vous demander si... ?
	Une dernière question : ... ?
	J'aimerais encore avoir une précision : ... ?

	1	2	3	4	5	6	7	8	9	10
la personne pose une question										
la personne demande une précision	X									

8 Lisez ces questions, puis demandez des précisions.

1. — Est-ce que vous pouvez corriger cela ?
2. — On y va ?
3. — Il est arrivé.
4. — Vous arrivez à 10 heures. C'est bon ?

9 Lisez ces chapeaux d'articles de presse puis, pour chacun, complétez la grille selon le modèle.

1

L'envol de la reine Mary

Pour triompher à Roland-Garros, elle a vaincu toutes les meilleures joueuses mondiales. À 25 ans, la championne franco-américaine s'apprête à régner sur le tennis féminin.

2

Retour à la plage

C'est dans le nouveau Katmandou, l'éden Thaïlandais des routards du monde entier où Leonardo Di Caprio a tourné son dernier film.

3

Johnny met Paris à feu et à sang pour sang

Sur le Champ-de-Mars, ils sont venus à 400 000 crier leur passion à l'idole de trois générations.

4

Vingt mille dieux sous les mers

Des divinités de l'Égypte et des déesses grecques, des pharaons du Haut Empire et des reines de l'époque alexandrine... Au fond de la baie d'Aboukir, des plongeurs français ont retrouvé les vestiges d'Hérakleion et de Ménouthis.

	rubrique du journal	personnage principal et profession	lieu de l'événement	mots et expressions clés
1	sport (tennis)	Mary, joueuse de tennis	Roland-Garros	triompher à Roland-Garros
2				
3				
4				

9 *Lisez cet article de presse, puis, à l'aide du tableau "Résumer un article de presse", complétez la fiche de lecture.*

La vallée de la Seine se mouille pour les J.O. de 2008

Il existe de plus en plus d'amateurs de sport et nous le voyons bien avec l'organisation de deux journées exceptionnelles qui ont permis de réunir tous ceux qui se sentaient concernés par les futurs Jeux Olympiques de 2008. La question essentielle étant toujours celle de l'endroit où se déroulera cette manifestation.

2 400 sportifs des onzes communes de la vallée de la Seine ont répondu présent aux organisateurs du grand défi lancé le week-end dernier pour appuyer la candidature de Paris et de l'Ile-de-France aux Jeux Olympiques de 2008. Onze communes ont pris le pari et se sont retrouvées le long de la vallée de la Seine, des Mureaux à Mantes pour faire bloc et appuyer cette candidature. Les clubs sportifs ont répondu très nombreux à l'appel des Offices Municipaux des Sports des Mureaux et de Mantes, qui ont coordonné les manifestations et démonstrations en tout genre.

Certes, ce n'est pas en un week-end que tout va se résoudre, mais cette participation massive fait prendre conscience au grand public et aux pouvoirs publics de l'importance du sport tout en soulignant l'aspect économique lié à ces grandes manifestations mondiales.

Courrier de Mantes internet, 25/06/00

mots ou phrases-clés	reformulation
2 400 sportifs de la vallée de la Seine ont répondu présent au grand défi	→un grand nombre de sportifs se sont réunis dans la région parisienne pour une manifestation
appuyer la candidature de Paris et de l'Ile-de-France aux Jeux Olympiques de 2008	→soutien participation de Paris et Ile-de-France aux J.O de 2008
	→11 communes réunies
Clubs sportifs très nombreux — offices municipaux des sports des Mureaux et de Mantes ont coordonné manifestations et démonstrations	→

11 *Écrivez le résumé de l'article de l'exercice précédent.*

La vallée de la Seine se mouille pour les Jeux Olympiques
Un grand nombre de sportifs se sont réunis dans la région parisienne pour une manifestation...

Résumer un article de presse

1. Faire une lecture attentive du texte en ne négligeant ni le texte, ni le sous-titre ni le chapeau.

2. Repérer les paragraphes, puis les mots ou expressions clés

3. Encadrer les articulateurs du discours ("donc", "mais", "toutefois"...)

4. Faire deux colonnes : à gauche, indiquer les mots et les expressions-clés de l'article
à droite, leur reformulation

(!) - réduire la longueur de l'article de presse.
- respecter l'ordre du texte et les idées de l'auteur.
- ne pas recopier intégralement les phrases du texte.

12 *Lisez ces textes, puis pour chaque affirmation, indiquez si c'est "vrai", "faux", ou si "on ne sait pas" en cochant la case correspondante.*

Lecture Numéro Moyen**		
	milliers	% pénétration
Total	8 544	18.1%
L'Équipe	2 532	5.4%
Le Monde	1 954	4.1%
Le Parisien/Aujourd'hui	1 958	4.1%
Le Parisien	1 594	3.4%
Le Figaro	1 378	2.9%
Libération	903	1.9%
Les Échos	773	1.6%
France-Soir	654	1.4%
La Tribune	494	1.0%
L'Humanité	343	0.7%
La Croix	319	0.7%

EUROPQN

Les hebdomadaires de télévision sont les magazines les plus lus. TV Magazine et Télé 7 jours sont présents dans environ 25% des maisons françaises.

40,4% des Français de 15 ans et plus lisent un quotidien national au moins une fois par semaine. La majorité sont des hommes (59,8%), 37% ont poursuivi des études supérieures, 38% ont moins de 35 ans, 68% moins de 50 ans.

La faiblesse de la lecture de la presse quotidienne est compensée en France par celle des magazines : 95,5% des Français sont lecteurs de ce type de presse. Le taux de pénétration de la presse magazine est d'ailleurs plus élevé en France que dans la plupart des pays industrialisés. Les femmes sont plus nombreuses que les hommes (magazines féminins et de décoration). Les hommes sont en revanche davantage concernés par les revues de loisirs (sport, bricolage et automobile).

Malgré la crise publicitaire du début des années 90, les journaux économiques se portent bien. Leur succès s'explique par l'intérêt croissant des Français pour ce type d'information et par le renouvellement complet de l'offre depuis 1992.

Francoscopie 1997

	vrai	faux	on ne sait pas
1. En France, les femmes lisent plus de quotidiens que les hommes.			
2. La plupart des lecteurs de quotidiens ont moins de 50 ans.			
3. L'Équipe est le quotidien le plus lu en France.			
4. La diffusion des magazines en France n'est pas très élevée.			
5. Les hommes français sont les lecteurs les plus importants de magazines.			
6. Les Français s'intéressent de plus en plus à la presse économique.			
7. En 1992, un nouveau magazine économique a vu le jour.			
8. Un quart des familles françaises achète la presse télé.			

13 *Trouvez à quelle catégorie appartiennent ces magazines français et complétez la grille.*

L I R E

Science&Vie

Maison&Travaux

info PC

L'Expansion

	titre du magazine
informatique	
médecine	
jeunes	
bandes dessinées	
automobiles	
science	
économie	
livres	
cinéma	
bricolage	

14 *Observez le tableau, complétez les phrases en rétablissant les finales notées phonétiquement, puis lisez-les.*

1. J'ai pass........[e] une année en Espagne et j'ai étudi........[e] la langue tout en découvrant le pays.
2. Marie, tu as devin........[e] qui est arriv........[e] ?
3. Toute la classe est all........[e] à la Bibliothèque Nationale.
4. Pierre et Paul sont arriv........[e] vendredi dernier et ils sont rest........[e] chez nous pendant le week-end.
5. Ce matin, mes deux filles ne se sont pas réveill........[e] et elles sont arriv........[e] en retard à l'école.

Le participe passé

Pour écrire correctement un participe passé, lors d'une dictée par exemple, il est utile de se rappeler que certains participes passés se prononcent différemment au masculin et au féminin.

[e]	é	allé (e)(s)
[i]	i	parti (e)(s)
	is	mis (e) [mi] [miz]
	it	écrit (e)(s) [ekʁi] [ekʁit]
[y]	u	tenu (e)(s)
[ɛ]	ait	fait (e)(s) [fɛ] [fɛt]
[ɛ̃]	eint	peint (e)(s) [pɛ̃] [pɛ̃t]
	aint	craint (e)(s) [kʁɛ̃] [kʁɛ̃t]
[ɛʁ]	ert	offert (e)(s) [ofɛʁ] [ofɛʁt]

15 *Écoutez puis indiquez, dans chacune des phrases, à quelle personne ou à quel objet se réfère le pronom en cochant le nom correspondant.*

1.
[X] mes enfants
[ ] ma femme
[ ] mon neveu

2.
[ ] ces couverts en argent
[ ] ces lithographies
[ ] cette télé

3.
[ ] cette statue
[ ] ces tableaux
[ ] ce dessin

4.
[ ] son comportement injuste
[ ] ses erreurs
[ ] cette exception

5.
[ ] les paquets
[ ] le télégramme
[ ] les lettres

6.
[ ] l'église de St. Augustin
[ ] les immeubles de la rue de Berry
[ ] les rues de la ville

7.
[ ] les murs
[ ] la façade de l'immeuble
[ ] le plafond de la cuisine

8.
[ ] le compte rendu de la réunion
[ ] les dossiers
[ ] les photocopies de ses diplômes

Oral

1 *Observez cette bande dessinée de Sempé, racontez la scène (qui sont les personnages, où sont-ils, que font-ils, que regardent-ils, quels sentiments éprouvent-ils et pourquoi), puis dites ce que vous en pensez.*

Écrit

2 *Lisez cet article puis répondez aux questions.*

Le retour des super women ?

À l'heure où les 35 heures se généralisent et où les sociologues nous prédisent l'ère de l'épanouissement personnel, des femmes foncent à contre-courant. Et paraissent ravies de bosser 10 à 15 heures par jour dans des start-up, ces entreprises champignons qui prospèrent sur le Net.

La journée folle, folle, folle d'une starteupeuse

Catherine Koste, 31 ans, dirige une entreprise de traduction, les Traducteurs associés. Elle vient d'avoir un beau bébé, Sacha. Une vingtaine de jours après son accouchement, Catherine doit se rendre à une rencontre avec des investisseurs et créateurs de start-up. Réussira-t-elle à lever 17 millions de francs pour financer son site web, sans sacrifier sa vie familiale ?

Maman au clavier, papa au foyer

Mais comment parvenir à jouer tous les rôles à la fois, comme Catherine Koste ? Pas de secret : ces mamans, elles ont des nounous et des baby-sitters "qui assurent", et des hommes, souvent babas d'admiration devant l'énergie de leur femme, qui savent lancer une machine, se repasser une chemise, et, surtout, aider leur compagne.

Marie-Claire, juin 2000

1. Quelle est la profession de Catherine ? ....
2. Quels services propose-t-elle? ....
3. Est-ce un milieu très féminin ? ....
4. Quelles sont ses difficultés ? ....
5. Comment se débrouille-t-elle ? ....
6. Que pensez-vous d'Internet ? Quels sont, selon vous, les aspects positifs et négatifs de ce moyen de communication ?

Travailler avec le CD audio

Unité 1

Sur le Net

50 Activité 1 📖 P. 74 Exercice 1

1. Grâce à Internet, ma vie de consommateur a vraiment changé.
2. Je viens de changer de ville et ici je n'ai donc pas encore beaucoup d'amis.
3. C'est ainsi que j'ai compris l'utilité d'Internet.
4. Intranet est un système permettant de s'échanger les dossiers.
5. On peut contacter les clients en leur apportant des services en ligne.

51 Activité 2 📖 P. 75 Lexique

1. Il y a de plus en plus d'internautes.
2. On peut faire des achats en direct ou en différé.
3. Ce réseau est de plus en plus important.
4. Les gens passent des heures devant leur écran.
5. C'est très facile d'envoyer des messages électroniques avec Internet.
6. On peut communiquer avec le monde entier.

Le participe présent et le gérondif

52 Activité 3 📖 P. 75 "Le participe présent"

1. C'est un livre parlant de l'histoire des Gaulois.
2. Étant un peu fatiguée, elle a préféré rester chez elle.
3. Hier, le film finissant à 22h30, nous sommes rentrés très tard chez nous.

53 Activité 4 📖 P. 77 "Le gérondif"

1. En rentrant, il a perdu ses clefs.
2. En écoutant ce CD, les élèves améliorent leur prononciation.
3. En allant au cinéma, j'ai rencontré mon amie Isabelle.

54 Activité 5 📖 P. 77 Exercice 9

1. En t'inscrivant à un atelier de peinture, tu ne t'ennuieras plus.
2. En faisant sonner ton réveil à 6h30, tu pourras arriver à l'heure.
3. En partant en camping, tu pourras passer des vacances économiques.

Exprimer la cause et la conséquence

55 Activité 6 📖 P. 78 "Exprimer la cause"

1. Nous sommes en retard parce que le concert a duré plus de trois heures.
2. Grâce à toi, j'ai pu préparer la réunion de demain en moins de deux heures.
3. À cause de ses ennuis d'argent, il n'a pas pu partir en vacances.
4. Votre fils étant absent, je n'ai pas pu lui remettre son devoir.
5. Tu le sais bien, puisque tu étais avec moi quand on a volé mon portefeuille.
6. Il pleut, nous avons donc décidé de reporter l'excursion.

7. Elle travaille tellement que je ne la vois jamais.
8. Elle a mangé tellement de gâteaux qu'elle a été malade.

56 Activité 7 📖 P. 79 Exercice 12

1. Je suis en colère car vous faites toujours du bruit.
2. À cause de vos mauvaises notes, je suis mécontente de vous.
3. Je ne vais pas acheter ce pull parce qu'il est trop grand.
4. Je ne vais pas prendre ce pull parce qu'il est trop cher.

L'intonation

57 Activité 8 📖 P. 82 Exercice 19

1. La semaine prochaine, je pars.
2. La semaine prochaine, je pars en Angleterre.
3. La semaine prochaine, je pars en Angleterre avec mes amis.
4. J'aime le cinéma.
5. J'aime le cinéma français.
6. J'aime le cinéma français et le cinéma américain.

Unité 2

Au cœur de l'information

58 Activité 1 📖 P. 83 Exercice 1

1. C'est la fin du septennat dont a beaucoup parlé ces jours-ci.
2. C'est la télévision italienne qui s'est occupée de cette opération.
3. C'est un spectacle où l'on peut revivre l'enfance et la vie de ce personnage.
4. Voilà le film qu'il faut absolument voir.

59 Activité 2 📖 P. 84 Lexique

1. Cet animateur travaille pour une nouvelle station radiophonique.
2. Les interviews et les informations de cette chaîne sont diffusées dans le monde entier.
3. Pour toucher un public important, on doit proposer des programmes variés.
4. Cette radio émet 24 heures sur 24.
5. Cette émission a beaucoup d'audience.

Les pronoms relatifs

60 Activité 3 📖 P. 84 "Les pronoms relatifs"

1. Je fais un travail qui m'intéresse.
2. C'est le cadeau que j'ai acheté pour sa fête.
3. On a des amis dont la maison est très belle.
4. La ville où il a vécu est très agréable.
5. Le jour où j'ai eu mon Bac, mes parents m'ont offert une voiture.

61 Activité 4 📖 P. 85 Exercice 6

1. Ils se sont connus l'année où ils avaient vingt ans.
2. C'est un étrange village où j'ai passé ma jeunesse.
3. Paul a épousé une femme qui est née au Mali.
4. C'est un appareil qui a été inventé au XXe siècle.
5. Ce sont des nouvelles dont la presse parle.
6. Tu verras, tu vas aimer ce plat que j'ai découvert au Mexique.

Mettre en relief

62 Activité 5 P. 86 "Mettre en relief"
1. Tes amis, ils sont adorables !
2. Tu les as vues, ces émissions ?
3. C'est toi qui décides !
4. C'est le chocolat que je préfère !
5. Ce que je déteste, c'est la glace à la fraise !
6. Ce qui est bien en été, c'est d'aller à la piscine !
7. Les bonbons à la menthe, voilà ce que j'adore.
8. Voilà le livre dont on parle partout !

63 Activité 6 P. 86 "Les pronoms démonstratifs neutres"
1. C'est un très beau panorama !
2. Ce que j'aime, c'est son humour.
3. Fais ce qui te plaît.
4. Cela vous ennuierait de répéter ?
5. Ça va comme ça ?
6. Écoute bien ceci : tu ne sortiras pas ce soir !

64 Activité 7 P. 87 Exercice 10
1. Moi, ce qui m'a plu, c'est sa manière de jouer !
2. Ce que je déteste chez lui, c'est sa façon de tout critiquer !
3. Un collier en or, voilà ce dont je rêvais !
4. Ces coups de fil très longs, c'est vraiment ce qui m'énerve chez lui !

Les accents

65 Activité 8 P. 92 Exercice 16
1. Le menu du repas est devant toi.
2. Il est responsable de l'essentiel du projet.
3. Il faut reprendre collectivement le reportage.
4. Le public refuse ce film.
5. Il nous a recommandé de ne pas refaire la même erreur.

66 Activité 9 P.92 Exercice 18
1. C'est une excellente expérience.
2. Examinons cette question.
3. Respectons et protégeons les éléphants.
4. Il est exact que c'est une affaire personnelle.
5. Cette période de l'année est exceptionnelle.

Unité 3

Au kiosque à journaux

67 Activité 1 P. 93 Exercice 1
1. Je suis abonnée à "Femme Actuelle".
2. La presse féminine, lui, il ne l'a jamais aimée.
3. Qu'est-ce que vous entendez exactement par "votre journal préféré" ?
4. Qu'est-ce que je lis ?

68 Activité 2 P. 94 Lexique
1. Il y a de plus en plus de magazines pour un public adolescent.
2. Dans ce quotidien, il y a toujours des reportages sur l'écologie.
3. Moi, je n'aime pas la presse sportive.
4. L'éditorial de ce journaliste est très bien écrit.

5. À "la Une" aujourd'hui, on parle de la rentrée scolaire.
6. Grâce à la presse féminine, je me tiens au courant de la mode.
7. C'est un hebdomadaire qui vient de paraître.

L'accord du participe passé

69 Activité 3 P. 94 "L'accord du participe passé"
1. La voiture ? On me l'a volée.
2. Ce sont les livres que j'ai offerts à Nathalie pour son anniversaire.
3. Nous leur avons parlé de toi.
4. En ce moment, j'adore les glaces, hier, j'en ai mangé trois.

70 Activité 4 P. 95 Exercice 4
1. Non, je ne les ai pas achetés, le kiosque était fermé.
2. Non, je ne les ai pas vus, ils étaient déjà sortis.
3. Non, je ne l'ai pas reçue, le chef du personnel est encore absent.
4. Non, il ne l'a pas prise, il est surchargé de travail en ce moment.
5. Non, nous ne les avons pas encore achetés, Noël est encore loin.
6. Non, ils ne l'ont pas achetée car ils n'avaient pas assez d'argent.

Demander des précisions

71 Activité 5 P. 96 "Poser des questions"
1. Pouvez-vous m'indiquer l'heure du départ ?
2. Est-ce que tu peux m'acheter du pain ?
3. Quand est-ce qu'on part ?
4. Pourquoi m'avez-vous appelé ?
5. Tu vas où en vacances, cette année ?

72 Activité 6 P. 96 "Demander des précisions"
1. Je n'ai pas bien compris vos explications.
2. Pourriez-vous me préciser si c'est bien là ?
3. Ça veut dire quoi ?
4. Je vous demande pardon, mais comment va-t-on à la gare ?
5. Qu'est-ce que vous entendez par là ?
6. Puis-je encore vous demander s'il y a une table de libre ?
7. Une dernière question : que pensez-vous de l'amitié ?
8. J'aimerais encore avoir une précision : peut-on dîner dans le train ?

Le participe passé

73 Activité 7 P. 101 Exercice 14
1. J'ai passé une année en Espagne.
2. Marie, tu as deviné qui est arrivé ?
3. Toute la classe est allée à la Bibliothèque Nationale.
4. Pierre et Paul sont arrivés vendredi dernier.
5. Ce matin, mes deux filles sont arrivées en retard à l'école.

74 Activité 8 P. 101 Exercice 15
1. Je les ai mis au courant de mes projets.
2. Il nous les a offertes pour notre mariage.
3. C'est Raoul qui l'a faite.
4. Il est probable qu'il l'a admise.
5. Non, monsieur, ce n'est pas moi qui les ai ouvertes.
6. On les a reconstruites après la guerre.

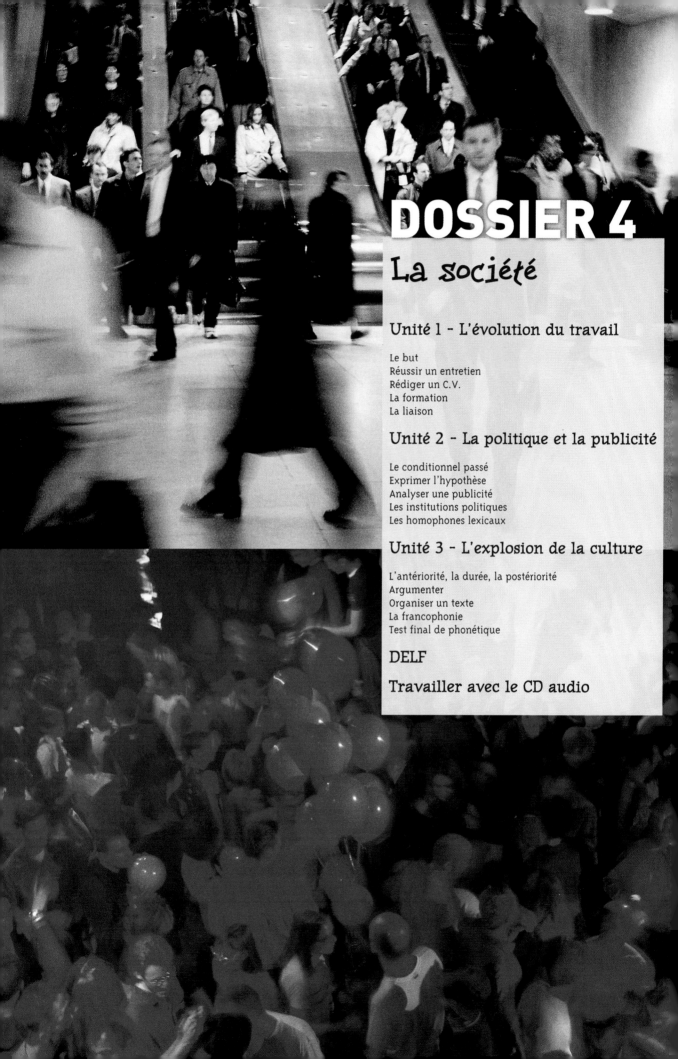

DOSSIER 4

La société

Unité 1 - L'évolution du travail

Le but
Réussir un entretien
Rédiger un C.V.
La formation
La liaison

Unité 2 - La politique et la publicité

Le conditionnel passé
Exprimer l'hypothèse
Analyser une publicité
Les institutions politiques
Les homophones lexicaux

Unité 3 - L'explosion de la culture

L'antériorité, la durée, la postériorité
Argumenter
Organiser un texte
La francophonie
Test final de phonétique

DELF

Travailler avec le CD audio

Unité 1
L'évolution du travail

Écoutez, puis complétez la grille.

il / elle déclare	qui ?
1. avoir eu peur de gagner moins d'argent avec son nouveau travail	Anne-Laure
2. avoir eu des critiques de la part de ses collègues	
3. travailler pour gagner le minimum vital	
4. avoir un salaire inférieur à celui de sa femme	
5. travailler pour une agence intérimaire	
6. avoir décidé de changer d'emploi lors d'un entretien avec son nouveau chef	

2 *À l'aide de l'encadré lexical, complétez ces phrases en faisant les accords nécessaires.*

> **Lexique :**
> l'entreprise - le contrat - travailler - le travail (à domicile)
> le chiffre d'affaires - professionnel(le) - actif(ve)
> le télétravail - le congé

1. Le _____ intérimaire concerne en France plus de 1% de la population.
2. Cinq _____ réalisent à elles seules la moitié du _____ du secteur.
3. Le _____ constitue la forme moderne du _____ .
4. Si leur activité _____ le permettait, 54% des Français seraient prêts à _____ à leur domicile à l'aide d'un ordinateur.
5. Le _____ de travail prévoit qu'après un _____ parental, le salarié doit réintégrer le même emploi ou un emploi équivalent.

Grammaire
Le but

3 *Lisez le texte, identifiez les expressions de but, puis complétez le tableau "Le but".*

7 astuces pour gagner une heure au travail.

1. Définissez vos objectifs et vos outils **en vue de** l'organisation de votre travail.
2. Méfiez-vous du téléphone. Bloquez une heure par jour pour rappeler vos correspondants.
3. Consultez souvent votre agenda **afin de** cocher au fur et à mesure les tâches effectuées.
4. Avant chaque entretien, fixez à votre visiteur le temps dont il dispose **pour que** le planning soit respecté.
5. Laissez vos post-it bien en vue **pour ne pas** oublier vos tâches les plus urgentes, mais n'oubliez pas de les éliminer une fois la tâche accomplie.
6. Organisez vos réunions. **Pour** plus d'efficacité, limitez le nombre de participants.
7. Rangez régulièrement votre bureau **de manière à** retrouver à chaque instant les documents que vous recherchez.

Le but		
1. _____ + **nom**		→ J'ai acheté un nouveau sac de voyage **en vue de mon** prochain **départ** en vacances.
2. _____ + **infinitif**		→ Cette banque a ouvert plus de guichets **afin de** mieux **servir** ses clients.
3. _____ + **subjonctif**		→ Elle ne m'annonce jamais l'heure de son arrivée **de peur que je (ne) m'inquiète** de son retard.
afin que		
de peur que	(*but à éviter*)	

(!) Il m'a téléphoné → **pour m'inviter** à sa fête (*même sujet*).

→ **pour que j'aille** le chercher à l'aéroport (*sujets différents*).

Écoutez puis, pour chaque situation, cochez la phrase correspondante.

Exemple : Il a préféré prendre l'autoroute...
- [x] afin d'aller plus vite.
- [ ] de peur d'aller trop vite.

1. Il a invité à son mariage tous ses amis...
- [ ] de peur qu'il y ait des jaloux.
- [ ] afin qu'il y ait des jaloux.

2. Hier, le conseil d'administration s'est réuni...
- [ ] pour que le personnel choisisse le nouveau président.
- [ ] afin de choisir le nouveau président.

3. Samedi, ils vont terminer les travaux de peinture...
- [ ] pour pouvoir déménager dimanche.
- [ ] de peur de déménager dimanche.

4. Elle a acheté tous les ingrédients...
- [ ] pour que sa fille prépare le gâteau d'anniversaire.
- [ ] pour la préparation du gâteau d'anniversaire de sa fille.

5. Les mannequins sont en train d'essayer les dernières robes...
- [ ] en vue du défilé de vendredi.
- [ ] de peur du défilé de vendredi.

6. Il a appelé Jacques...
- [ ] pour qu'il prenne le train de 18 heures qui est le plus rapide.
- [ ] afin de prendre le train de 18 heures qui est le plus rapide.

5 *Complétez ces dialogues avec une expression de but.*

Exemple : — Pourquoi as-tu acheté cette jolie robe ?
— **Pour être** jolie ce soir à la fête de Laetitia.

1. — Pourquoi est-ce que tu as demandé un prêt à ta banque ?
—

2. — Dans quel but ont-ils tourné ce reportage sur les jeunes ?
—

3. — Pourquoi est-ce que tu as envoyé un message électronique à tous tes amis ?
—

4. — Pourquoi a-t-il effectué son stage dans une compagnie d'assurances ?
—

5. — Pourquoi est-ce que tu ne vas pas habiter chez ta tante en Australie ?
—

6. — Pourquoi ne pars-tu jamais seule en vacances ?
—

7. — Pourquoi est-ce qu'elles s'habillent de façon aussi excentrique ?
—

8. — Pourquoi les transports en commun de la ville ont-ils été réorganisés ?
—

Lisez ces 6 règles d'or pour réussir un entretien d'embauche, puis, pour chacune de ces questions posées à l'occasion d'un recrutement, écoutez les trois réponses proposées et choisissez la meilleure.

Exemple : Qu'est-ce que vous savez de notre entreprise ?
☐ réponse a. ☒ réponse b. ☐ réponse c.

6 règles d'or

✓ S'informer sur l'entreprise
✓ Se préparer aux questions
✓ Etre à l'aise mais sans excès
✓ Répondre clairement, avec franchise
✓ Ne jamais dire du mal de son ancien employeur
✓ Mettre en évidence ses qualités sans manquer de modestie

1. Quelles sont vos activités extra-professionnelles ?
☐ réponse a. ☐ réponse b. ☐ réponse c.

2. Pourquoi avez-vous répondu à notre annonce ?
☐ réponse a. ☐ réponse b. ☐ réponse c.

3. Qu'attendez-vous de ce travail ?
☐ réponse a. ☐ réponse b. ☐ réponse c.

4. Quels sont, selon vous, les aspects de votre personnalité qui feraient de vous un candidat intéressant pour ce poste ?
☐ réponse a. ☐ réponse b. ☐ réponse c.

7 Voici une série de comportements que l'on peut adopter lors d'un entretien d'embauche. Choisissez celui qui vous semble le plus approprié pour chacune des situations proposées, puis discutez-en.

1. Comment vous habillez-vous ?
☐ en tailleur ou en costume de marque
☐ avec des accessoires excentriques
☐ avec de vieux vêtements dans lesquels vous vous sentez bien

2. Vous vous asseyez
☐ au bord de la chaise
☐ droit, bien installé
☐ enfoncé(e) dans votre fauteuil

3. On vous interroge sur votre disponibilité, vous répondez :
☐ À 18 heures, pour moi, c'est fini le boulot !
☐ Ça dépend de mes enfants...
☐ S'il le faut, je me rendrai disponible.

4. Si on vous demande quelle rémunération vous désirez, vous dites :
☐ Oh, ce que vous voulez !
☐ Étant donné mes compétences, pas moins de 20 000 francs brut par mois plus les primes.
☐ Faites-moi une proposition, j'y réfléchirai en fonction des perpectives de carrière.

8 *À l'aide du tableau "Réussir un entretien", complétez ce dialogue entre un employeur et une candidate pour un poste de secrétaire de direction.*

L'employeur — Est-ce que vous pouvez m'expliquer en quoi consistait votre activité précédente ?
La candidate (préparer les réunions de direction, s'occuper de tout le courrier de son chef, accueillir les visiteurs)
    —

E. — Pourriez-vous nous évoquer une situation difficile dans laquelle votre aide a été essentielle ?
C. (organiser une réunion toute seule, son chef étant retenu à l'étranger)
    —

E. — Vous voulez me poser quelques questions ?
C. (vouloir plus d'informations sur la filiale de l'entreprise qui va ouvrir prochainement)
    —

E. — Nous voulons monter une agence en province qui s'occuperait de toute la clientèle du Sud de la France et vous seriez donc l'assistante du directeur de notre filiale.
C. (connaître la rémunération)
    —

E. — Le salaire annuel de départ serait de 120 KF. D'autres questions ?
C. — Non, je vous remercie.
E. — Bon, je vous ferai connaître ma décision dans une huitaine de jours.
C. (prendre congé)
    —

Réussir un entretien

l'employeur	le/ la candidat(e)
— Pourriez-vous nous parler de vos différentes expériences professionnelles ? →	— Dans mes emplois précédents, **mes tâches étaient très variées** : insertion de données informatiques dans un ordinateur, classement de dossiers… — **J'étais chargé(e) de** la comptabilité… — **Mon travail consistait à** répondre aux requêtes des clients… — **Je m'occupais des** réservations d'hôtel.
— Est-ce que vous voulez bien nous citer quelques exemples ? →	— Lorsque je travaillais chez Legrand, **j'ai eu l'occasion de** préparer de nombreuses réunions… — **Grâce au travail de notre équipe**, le chiffre d'affaires de notre entreprise a presque doublé.
— Y a-t-il quelques informations que vous souhaiteriez avoir sur le poste à pourvoir ? →	— Pourriez-vous m'expliquer dans les grandes lignes **les fonctions** de la nouvelle secrétaire ? — Pourrais-je savoir quelle serait **la rémunération annuelle brute** ? — Y a t-il des **primes** ? — S'agit-il d'un **CDD** ou d'un **CDI** ? — Quelle est la durée de la période d'essai ?
— Je vous ferai connaître notre décision d'ici une semaine. Au revoir, madame, monsieur. →	— Au revoir, monsieur, **merci de m'avoir accordé cet entretien**.

(!) CDD : contrat à durée déterminée   CDI : contrat à durée indéterminée

Rédiger un C.V.

9 Après avoir lu cette offre d'emploi et les deux C.V., complétez la grille en indiquant les aspects positifs et négatifs des deux candidatures ainsi que le candidat que vous choisiriez pour le poste en précisant les raisons de votre choix.

Le tour opérateur **Voyages autour du monde** (900 MF de chiffre d'affaires consolidé, 350 collaborateurs, 8 agences en France), recherche son

Directeur des Ressources Humaines.

Les candidats seront diplômés de l'enseignement supérieur et auront eu une expérience dans un poste similaire.

En collaboration avec la Direction Générale, il ou elle sera chargé(e) des missions suivantes :
- la formation,
- la mise en place de méthodes d'évaluation des performances,
- la gestion du personnel du siège,
- le recrutement du personnel du siège et des filiales.

De solides connaissances en droit social seront exigées.

Les CV seront adressés à :
SELECT-PERSO
116. boulevard Exelmans
75016 Paris
sous la référence VAT001S

Nom : BOURGEOIS
Prénom : Olivier
Lieu et date de naissance :
Reims, 26 avril 1968
État civil : célibataire
Domicile : 18, rue de Turenne
75003 Paris
Tél. et fax : 01 43 31 34 56
E-mail : obourgeois@mail.cpod.fr

Expérience professionnelle
1998-2000 : assistant du directeur des ressources humaines. Sogetec (micro-informatique) 24, Av Jean Jaurès - Paris
1993-1998 : secrétaire de rédaction. *Médical* (revue scientifique destinée au secteur pharmaceutique).
Formation
1992-93 : DEA (diplôme d'études approfondies) en Communication, Université de Paris X – Nanterre – Mention : très bien.
Langues étrangères
Anglais : lu et parlé, excellent niveau
Espagnol : bon niveau
Italien : niveau moyen
Divers
Activités sportives : voile, volley-ball, badminton
Autres : Attestation Française de Premiers Secours (A.F.P.S.)
Bonne connaissance de Windows 98, Word, Excel, Powerpoint et Access.

Ana-Clara SALLABERRY
Date et lieu de naissance :
14 janvier 1966 à Montevideo
Nationalité : uruguayenne et française (par mariage)
Situation familiale : mariée, un enfant
Adresse : 78, rue Cujas 75005 Paris
Téléphone : 01 44 41 21 14

Activités professionnelles
1997-2000 : Directrice adjointe de l'association "Échanges" (formation des adultes) 45 rue de Charonne, Paris
1990-1997 : Responsable de personnel supermarché "Éco", 25 avenue d'Alésia, Paris

Études
1988-89 : Maîtrise en Droit des entreprises, Université de Paris 1 – Panthéon-Sorbonne – Mention : bien

Langues étrangères
- parfaitement bilingue français-espagnol (famille uruguayenne, scolarité française)
- anglais : très bon niveau
- allemand : niveau moyen

Loisirs
- aérobic, natation, ski, volley-ball, théâtre, cinéma.
- voyages dans différents pays d'Amérique latine (Argentine, Pérou et Chili).

	+	−	Candidature choisie et raisons de votre choix
Olivier Bourgeois			
Ana-Clara Sallaberry			

Lisez le tableau "Rédiger un C.V.", puis écoutez l'enregistrement et complétez le C.V. de Marie-Christine Ursulin.

Rédiger un C.V.

1. **Coordonnées** : nom et prénom, date et lieu de naissance, état civil, domicile habituel, numéro(s) de téléphone et/ou de fax, e-mail.

4. **Études** : indiquer en premier le dernier diplôme obtenu. Pour chaque diplôme, noter son lieu et sa date d'obtention ainsi que la mention.

6. **Divers, loisirs** : noter uniquement les aspects utiles pour évaluer votre personnalité.

Aurélien Le Floc'h
Né le 06/09/1971 à Quimper
Célibataire, nationalité française
Adresse : 17 avenue d'Italie 75013 Paris
Tél / fax : 01 44 83 23 82
E-mail : a.lefloch@caramail.com

Activités professionnelles
98-00 Responsable d'exploitation du site, Webstreet (portail immobilier), 25 rue de Richelieu 75002 Paris
97-98 Webmaster, Cocoon (site annonces immobilières), 130 avenue Salengro, 94110 Arcueil
96-97 Stagiaire multimédia-internet, mairie d'Arcueil

Études
96-97 Formation de concepteur-développeur de site internet, L'École Multimédia, Paris
93-96 IUP Informatique et communication, Rennes
1992 Bac scientifique, mention Bien, Quimper

Langues étrangères
• Anglais : très bon niveau
• Allemand : niveau débutant
• Breton : notions

Divers
Logiciels maîtrisés : tous logiciels courants de conception et administration web
Loisirs : jeux en réseau, surf, cinéma.
Permis de conduire B

---

2. **Photo.**

3. **Expériences professionnelles :** noter les emplois en partant du dernier. Éviter que le CV laisse apparaître des périodes trop longues d'inactivité.

5. Indiquer votre connaissance des **langues** étrangères ainsi que le niveau.

7. Accompagner le CV d'une **lettre de motivations** dans laquelle figureront les références de l'annonce à laquelle vous répondez.

Marie-Christine Ursulin
Née à Nantes, le 24/7/1964
Adresse : 11, rue de Charonne 75012 PARIS
Tél : 01 23 34 57 80
E-mail : mchursulin@wanadoo.fr

EXPÉRIENCE PROFESSIONNELLE

FORMATION

LANGUES ÉTRANGÈRES

DIVERS

11 *Après avoir observé ces documents, répondez aux questions.*

Exemple : En quelle année a été votée en France la loi sur la formation continue ?
→ En 1971.

L'école publique est, depuis 1959, obligatoire en France jusqu'à l'âge de 16 ans.

Le niveau de salaire obtenu est étroitement lié au niveau d'étude.

La loi sur la formation continue (1971) a permis à des millions de Français de progresser dans leurs connais-sances et dans leur métier.

Les jeunes ayant un diplôme sont nettement favorisés pour trouver un emploi.

Quelques noms de Grandes Écoles : École Polytechnique, ENA (École Nationale de l'Administration), HEC (Hautes Études Commerciales), École Normale Supérieure, École des Mines...

Les filles sont majoritaires dans les filières littéraires (76%), les garçons dans les matières scientifiques (79%).

Pour être admis dans les grandes écoles, les étu-diants doivent passer un concours d'entrée.

47% de jeunes diplômés des Grandes Écoles signent leur contrat de travail avant même d'obtenir leur diplôme.

DEA / DESS (bac+5)

maîtrise (bac+4)

licence (bac+3)

DEUG (bac+2)

15-18 ans lycée (bac)

11-15 ans collège

6-11 ans école primaire

2-6 ans école maternelle

1. À quel âge un élève français rentre-t-il à l'université ?

2. Jusqu'à quel âge l'école française est-elle obligatoire ?

3. Quelles sont les conditions en France pour accéder aux Grandes Écoles ?

4. Quelles sont les facultés universitaires choisies par la plupart des garçons français ?

5. Quel est le rapport, en France, entre la formation scolaire et le salaire ?

La liaison

Rappel : la liaison
La liaison est obligatoire après :
- les déterminants + le nom, ou l'adjectif + le nom : *un, les, des, ces, aux, mon, leurs, quelques, plusieurs, certains, nombreux, quels, tout, deux, trois, six, dix, aucun...*
    → Cette année, certain**s é**tudiants ont changé de faculté.
- le pronom sujet + le verbe
    → Il**s o**ccupent des postes importants.
- la préposition + le nom : *en, dans, chez, sans, sous.*
    → E**n é**té, j'adore aller à la mer.
- l'adverbe + l'adjectif : *très, moins, mieux, plus, bien, trop.*
    → Il est trè**s i**mportant de répondre à cette lettre.

---

la liaison (2)

1. La liaison se fait :	2. La liaison est interdite :

• à l'impératif + **en** ou + **y**
  → Prends-en !
  Réfléchis-y !
• avec **quand** et **dont**
  → Quand il sera prêt, on partira.
  C'est ce dont il m'a parlé.
	• avec **nom** ou **pronom non personnel** + verbe
	  → Jean // est là.
	• avec **nom** + **mot qui le caractérise**
	  → Un mot // impossible à prononcer.
	• avec **et**
	  → Il rentre et // elle part.

Écoutez, marquez la liaison, puis lisez ces phrases.

Exemple : Allons-y, il est tard.

1. Mangez-en, c'est très bon.
2. Quand il comprendra son erreur, ce sera trop tard.
3. Pensez-y avec attention.
4. Ce livre dont elle parle a obtenu le prix Médicis.
5. Quand on aime, on est fier de la personne dont on est amoureux.
6. Ils ont déménagé en automne.
7. Vas-y, il t'attend.
8. C'est une affiche très originale.

Écoutez, marquez la liaison si nécessaire, puis lisez ces phrases.

Exemple : Marie arrive et elle s'installe chez eux.

1. Ce mot est difficile à articuler.
2. C'est une villa immense qui est en harmonie avec le paysage.
3. Entre elle et lui, tout est très intense.
4. De nombreux Espagnols partent en août.
5. Il ne va pas ouvrir car il est de plus en plus sourd !
6. Richard habite en Égypte.
7. Ils invitent Pierre et Alice à dîner.
8. Cet été, le temps est très humide.

Unité 2
La politique et la publicité

"J'ai travaillé jusqu'à quatre heures du matin pour préparer ce discours... J'espère qu'il vous plaira."

Écoutez, puis cochez la bonne réponse.

1. L'homme qui parle travaille pour
   - [ ] une radio
   - [x] une agence publicitaire
   - [ ] un parti politique

2. Le publicitaire ne veut pas prononcer le nom de l'homme politique parce que
   - [ ] c'est un secret
   - [ ] c'est un nom imprononçable
   - [ ] les gens n'apprécient pas cet individu

3. Il dit que s'il porte des shorts, il aura le vote des
   - [ ] sportifs
   - [ ] femmes
   - [ ] jeunes

4. Il affirme que, quand il parle, l'homme politique
   - [ ] crie
   - [ ] s'exprime très bien
   - [ ] a des défauts de prononciation

5. Il aurait voulu que l'homme politique change
   - [ ] de femme
   - [ ] de maison
   - [ ] d'opinions

6. Sur les affiches, on verra
   - [ ] un paysage et la femme de l'homme politique
   - [ ] l'homme politique entouré de sa famille
   - [ ] un paysage et le slogan : "Lui, il est déjà au travail !"

2 *Pour chaque phrase, choisissez l'expression correcte.*

1. Un _____ se présente aux élections pour devenir un représentant du peuple.
  ☐ candidat   ☐ électeur

2. Les élections _____ permettent d'élire un député.
  ☐ présidentielles   ☐ communales   ☐ législatives

3. _____ représente le plus grand nombre de citoyens au Parlement.
  ☐ L'opposition   ☐ La majorité

4. Cet homme politique n'a pas été élu car il n'a pas obtenu assez _____ .
  ☐ de voix   ☐ d'argent.

5. Pour réussir à convaincre l'électorat et pour défendre leurs idées, les hommes politiques doivent avoir de _____
  ☐ bonnes intentions.   ☐ bons slogans.

6. Pendant une campagne _____, la population doit se tenir informée en écoutant la télévision, en lisant les journaux et en assistant à des débats politiques.
  ☐ électorale   ☐ publicitaire

Lexique :
la campagne électorale – le candidat – l'homme politique – les élections présidentielles, législatives, le slogan – les voix – les électeurs – la majorité – l'opposition

---

Grammaire

Le conditionnel passé

3 *À l'aide du tableau "Le conditionnel passé", soulignez, dans ces deux dessins, les verbes au conditionnel passé et indiquez ce qu'ils expriment.*

Le père exprime un _____   Le couple exprime un _____

Le conditionnel passé	
1. Formation	**2. Emploi**
Il se forme avec l'auxiliaire "**être**" ou "**avoir**" **au conditionnel présent + le participe passé du verbe.**	Il permet d'exprimer :
→ Malgré tout, elle **serait allée** le voir !	**a. un regret**
Tu **aurais dû** m'avertir plus tôt !	→ J'**aurais voulu** participer à votre mariage, mais j'ai été retenu par mon travail à Washington.
	b. un reproche
	→ Vous **auriez pu** m'aider pour mon déménagement !

Écoutez, puis complétez la grille en écrivant les verbes au conditionnel passé de ces dialogues et en indiquant si les personnes expriment un regret ou un reproche.

	Verbes au conditionnel passé	Expression du regret	Expression du reproche
1	tu aurais pu		X
2			
3			
4			
5			

5 Imaginez les reproches correspondant à ces répliques.

Exemple : — Tu aurais pu étudier davantage !
— Mais j'ai étudié, seulement j'étais fatigué le jour de l'examen !

1. — _____
— J'avais laissé mon téléphone portable à la maison !

2. — _____
— Je n'avais pas ton adresse électronique !

3. — _____
— Et qu'est-ce que vous auriez fait à ma place ?

4. — _____
— Je pensais que tu n'en mangeais pas !

5. — _____
— Désolé, je n'ai pas eu le temps de conduire la voiture chez le garagiste !

6 Exprimez les regrets de ces personnes.

aimer être actrice, être célèbre, lire son nom dans les rues, faire des voyages, connaître des personnalités, jouer des rôles importants, être riche

J'aurais voulu être actrice, j'aurais été célèbre, _____

naviguer tout le temps, découvrir des pays, se sentir libre, vivre en solitaire, ne pas avoir d'horaires, avoir du temps pour réfléchir

devenir écrivain, obtenir des prix littéraires, raconter des histoires extraordinaires, réussir à transformer la réalité, faire rêver des gens

Exprimer l'hypothèse

Lisez les tableaux "Exprimer une hypothèse", puis indiquez dans la grille si ces situations ou actions sont réalisables, peu probables ou irréalisables.

Exemple : D'accord, je t'écris si j'y pense !

	Exemple	1	2	3	4	5	6
Réalisable	X						
Peu probable							
Irréalisable							

Exprimer une hypothèse réalisable

Si elle termine son travail, elle pourra sortir.

S'il fait beau, je viens à la mer avec vous.

Exprimer une hypothèse peu probable ou irréalisable

Ah, si j'avais de l'argent, j'achèterais un bateau.

Si les Mérieux étaient restés en Angleterre, leurs enfants auraient appris à parler anglais !

1. La condition est réalisable : **si + présent de l'indicatif / présent de l'indicatif** ou **futur**.
2. La condition n'a pas beaucoup de possiblilités de se réaliser : **si + imparfait de l'indicatif / conditionnel présent**.
3. La condition est irréalisable : **si + plus-que-parfait de l'indicatif / conditionnel passé**.

8 Lisez ces répliques puis trouvez une réponse en exprimant une hypothèse réalisable.

Exemple : — Que vas-tu faire avec tes problèmes d'argent ?
— Si j'ai des problèmes d'argent, je ferai un emprunt à ma banque ou je demanderai de l'argent à mes parents.

1. Les examens approchent et les étudiants n'ont pas assez étudié, que peuvent-ils faire ?
2. Elle veut devenir chanteuse. Que lui conseilles-tu de faire ?
3. Est-ce qu'il peut être élu ? Qu'en penses-tu ?
4. Mes voisins font trop de bruit ! Qu'est-ce que je peux leur dire d'après toi ?
5. Je veux maigrir, mais comment faire ?
6. J'ai trop travaillé, j'aimerais bien me reposer, que faire selon toi ?
7. L'année passée, j'étais inscrite à un cours de gymnastique, cette année, j'aimerais pratiquer une activité sportive plus amusante. Que me conseilles-tu ?
8. Je voudrais acheter un ordinateur mais je n'y connais rien, comment faire pour bien choisir ?

Unité 2

9 *Et si vous étiez un arbre, comment seriez-vous ? À la manière de ces dessinateurs, dites comment vous vous voyez, puis demandez aux autres étudiants s'ils ont la même image de vous.*

Si j'étais...	je serais...
un pays	l'Espagne, ma capitale serait Madrid et on parlerait espagnol chez moi.
un tableau	
un paysage	
un monument	
un animal	
un objet	
un phénomène naturel	
un dessert	
un instrument de musique	
un oiseau	
un personnage historique	

10 *Posez-vous des questions afin de mieux vous connaître.*

> **Exemple :** — Si tu étais riche, que ferais-tu ?
> — Je voyagerais et je terminerais mes études pour aider les autres.
> — Et si tu étais acteur, avec qui aimerais-tu faire un film ?
> — J'aimerais jouer avec Woody Allen, car il est drôle et c'est mon metteur en scène préféré.

11 *Complétez ces phrases selon le modèle.*

> **Exemple :** Si Hélène de Troie n'avait pas existé, **il n'y aurait pas eu de guerre.**

1. Si les vaccins n'avaient pas existé, ...
2. Si Ève n'avait pas mangé la pomme, ...
3. Si Christophe Colomb n'avait pas découvert l'Amérique, ...
4. Si Juliette avait épousé Roméo, ...
5. Si on n'avait pas inventé la télévision, ...

Analyser une publicité

12   *Lisez cet article analysant un document publicitaire puis répondez aux questions.*

En France, le problème du tabagisme restant important avec environ 35% de fumeurs, des lois ont été votées pour protéger les non-fumeurs et les fumeurs, telle l'interdiction de fumer dans les lieux publics. De plus, des campagnes publicitaires ont été lancées pour encourager les adultes à arrêter de fumer.

Dans cette publicité, la notion de beauté et les efforts employés pour être belle sont mis en évidence par l'emploi de toute une série d'infinitifs liés au soin de l'apparence physique. La fin du texte, imprimée sur la photo en noir et blanc de cette jeune femme qui fume une cigarette, contraste fortement avec ce qui précède et met en valeur le message "Et puis tout gâcher". En conclusion, on sollicite le lecteur avec la question "La vie sans tabac, vous commencez quand ?"

L'impact du message est fort. Il vise à toucher un public de jeunes femmes soucieuses de leur beauté et veut souligner la contradiction de certains comportements : il

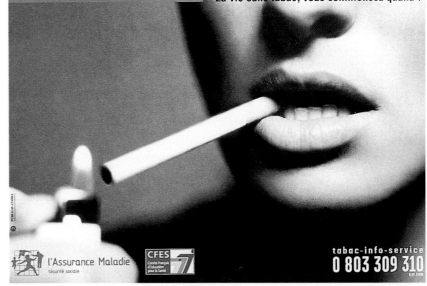

est inutile de faire tant d'efforts pour correspondre à des canons de beauté transmis par les médias si vous ne cessez pas de fumer. La cigarette n'est pas un produit de beauté et nuit aussi bien à l'apparence physique qu'à la santé.

Cette publicité a pour but de lutter contre ce problème de santé qu'est le tabagisme. Au lieu d'expliquer les méfaits de la cigarette par des images effrayantes de maladies cancéreuses ou par des statistiques ennuyeuses, ce document essaie de toucher le public visé en jouant sur un facteur psychologique et sociologique contemporain, le désir de correspondre à une image parfaite de jeunesse et de beauté.

1. Quel est l'objet de cette publicité ? _____

2. Quel est son but ? _____

3. À qui s'adresse-t-elle ? (des enfants, des adolescents, des personnes âgées ?) _____

4. Qu'est-ce qui frappe le plus dans cette publicité ? La photo ? Le texte ? _____

5. Quel est l'effet recherché ? _____

13 A l'aide du tableau "Analyser une publicité", comparez ces deux publicités en rédigeant un petit texte.

Dans La vache qui rit, il y a

du calcium qui rit,

des protéines qui rient,

et des vitamines A et B2 qui rient aussi.

La vache qui rit ne plaisante pas avec la nutrition.

100g de La vache qui rit vous apportent naturellement : 35% des AJR* en calcium, 23% des AJR* en vitamine A, 21% des AJR* en vitamine B2.
*AJR : Apports Journaliers Recommandés

Emmental
PRÉSIDENT
Élu produit de l'année 2000

RCS Laval B 402 757 751 - SNC au capital de 1 100 000 F

ÉLU PRODUIT DE L'ANNÉE
Grand Prix Marketing Innovation 2000

Pour préserver toutes ses qualités, l'emmental Cœur de Meule Président est disponible en sachet fraîcheur qui s'ouvre et se ferme à volonté.

Ce nouveau sachet fraîcheur sera bientôt disponible sur l'ensemble de la gamme emmental portion et râpé.
*élu par 9 000 foyers représentatifs de la population française soit 20 000 consommateurs, produit de l'année dans la catégorie fromage.

PRÉSIDENT
Quand on aime la vie, on aime Président.

Analyser une publicité

1. Le nom du produit :
identifier l'idée qu'il transmet : *(la notion de joie est mise en avant par..., le nom évoque..., le nom de la marque est mis en évidence par...).*

2. Le public visé :
comprendre à quel type de consommateur le produit s'adresse : *(ce produit est destiné à...).*

3. Les moyens employés :
relever les termes et expressions qui légitiment le produit : *(les expressions sont du domaine scientifique, culturel..., le texte souligne que..., le texte valorise...).*

4. La mise en page :
montrer comment la photo ou le dessin mettent en valeur le produit : *(les couleurs sont..., la photo est en noir et blanc, on voit des personnes qui..., l'image évoque...).*

14 *Observez ces documents, puis répondez par "vrai" ou "faux" aux affirmations de la page de droite.*

On distingue deux grands courants politiques, les partis de droite et ceux de gauche. Le Parti Communiste Français, Le Parti Socialiste (François Mitterrand) et les Verts se situent à gauche - L'Union pour la Démocratie Française et le Rassemblement Pour la République (Jacques Chirac), qui reprend les idées du général de Gaulle, se situent à droite.

Charles de Gaulle

Georges Pompidou

Valéry Giscard d'Estaing

P.S.

François Mitterrand

Jacques Chirac

Les Verts

- 75% des Français sont favorables à la réduction à 5 ans du mandat présidentiel, 18% y sont opposés.
- 61% des Français sont opposés au vote des immigrés lors des élections locales, 34% y sont favorables.
- Le Parlement français ne compte que 6% de femmes, contre 43% en Suède, 39% en Norvège, 34% au Danemark, 31% aux Pays-Bas, 21% en Allemagne.
- 96% des hommes sont prêts à élire une femme député, 96% une femme maire d'une grande ville, 88% à faire confiance à une femme Premier ministre, 71% à élire une femme président de la République.
- Les mots qui évoquent quelque chose de positif en matière économique sont : participation (77% contre 12% d'avis négatifs) ; libre-échange (73% contre 14%) ; concurrence (67% contre 23%) ; syndicat (59% contre 31%) ; libéralisme (58% contre 28%) ; planification (52% contre 28%) ; socialisme (46% contre 36%).
- La France compte 36 673 maires et 512 851 conseillers municipaux.

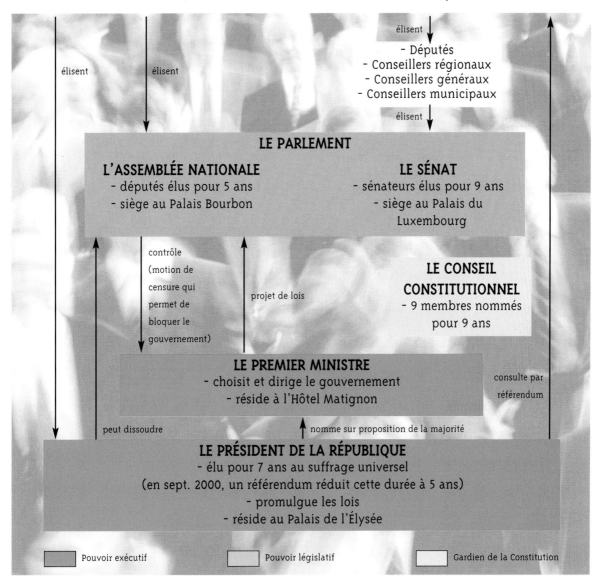

LES ÉLECTEURS
Pour voter, il faut avoir 18 ans et être de nationalité française.

élisent
- Députés
- Conseillers régionaux
- Conseillers généraux
- Conseillers municipaux

élisent

élisent

élisent

LE PARLEMENT

L'ASSEMBLÉE NATIONALE
- députés élus pour 5 ans
- siège au Palais Bourbon

LE SÉNAT
- sénateurs élus pour 9 ans
- siège au Palais du Luxembourg

contrôle (motion de censure qui permet de bloquer le gouvernement)

projet de lois

LE CONSEIL CONSTITUTIONNEL
- 9 membres nommés pour 9 ans

LE PREMIER MINISTRE
- choisit et dirige le gouvernement
- réside à l'Hôtel Matignon

consulte par référendum

peut dissoudre

nomme sur proposition de la majorité

LE PRÉSIDENT DE LA RÉPUBLIQUE
- élu pour 7 ans au suffrage universel
(en sept. 2000, un référendum réduit cette durée à 5 ans)
- promulgue les lois
- réside au Palais de l'Élysée

Pouvoir exécutif   Pouvoir législatif   Gardien de la Constitution

Affirmations	Vrai	Faux
1. Les Français sont défavorables à la réduction du mandat présidentiel.		
2. Il y a très peu de femmes au Parlement.		
3. Le président de la République peut dissoudre l'Assemblée nationale.		
4. Les députés sont élus pour cinq ans.		
5. Les sénateurs sont élus pour neuf ans au suffrage direct.		
6. Le Parlement possède beaucoup de pouvoirs, en particulier celui de renverser le gouvernement.		
7. Les partis de gauche sont le PCF et le PS, ceux de droite le RPR, l'UDF et les partis écologistes.		
8. La majorité des Français est d'accord pour que les immigrés puissent voter.		

15 *Que pensez-vous du système électoral français ? Faites une comparaison avec celui de votre pays.*

Les homophones lexicaux

16 *Associez les mots de gauche à ceux de droite.*

Exemple : parti ⟶ morceau
partie ⟶ association

1. pause — halte
   pose — attitude

2. dessin — intention
   dessein — graphisme

3. près — étendue d'herbe
   prêt — proche
   pré — préparé

4. mer — élu à la tête d'une ville
   maire — femme avec enfant
   mère — étendue d'eau

5. coût — geste violent
   coup — partie du corps
   cou — prix

Les homophones lexicaux

Les homophones lexicaux sont des mots qui se prononcent de la même façon mais qui ont une orthographe et un sens différents.
→ **Arrête** de parler.
   Il y a des **arêtes** dans ce poisson.

---

17 *Trouvez au moins deux homophones correspondant à la transcription phonétique.*

Exemple : [u] : ou, où, le houx, août.

1. [pɛʀ] : _____
2. [tɛ̃] : _____
3. [vɛʀ] : _____
4. [pɛ̃] : _____
5. [pɔʀ] : _____
6. [kaʀ] : _____
7. [kuʀ] : _____

18 *Complétez ces phrases en choisissant le mot correct dans la liste proposée.*

Exemple : Si nous avons besoin de **six scies**, tu peux nous les prêter ?

1. font - fond - fonds
   a. Il possède un _____ de commerce.
   b. Ils _____ ce qu'ils veulent.
   c. Il _____ au soleil avec cette chaleur.

2. mai - mais - mets
   a. Tu _____ ton pull ?
   b. Au mois de _____ , il y a du muguet.
   c. _____ non, ce n'est pas vrai !

3. père - paire - perd
   a. Il _____ tout le temps aux cartes.
   b. C'est le _____ de mes amis.
   c. Vous avez une _____ de ciseaux ?

4. vaut - vos - veau
   a. Pour moi, une escalope de _____ !
   b. Combien ça _____ ?
   c. Vous avez _____ papiers ?

Unité 3
L'explosion de la culture

a

Ceci n'est pas une pipe.

b

les meilleures chansons de...

Jacques Brel

c

Albert Camus
L'étranger

d

3.
Révolution aussi dans la mode avec Coco Chanel et Christian Dior entre autres qui créent la silhouette de la femme moderne. Après que le prêt-à-porter a été introduit, la façon de s'habiller s'est modifiée.

4.
La diffusion culturelle emprunte d'autres voies : foires-expositions d'art, défilés de mode, prix littéraires, musicaux et artistiques, télévision, et Internet rapprochent les courants culturels du grand public.

5. Jazz, Rock'n roll, Pop, Rap, Reggae, Techno créent de nouveaux rythmes : aux États-Unis, Elvis Presley puis Nirvana, en France, Jacques Brel puis MC Solaar.

JEAN ECHENOZ

JE M'EN VAIS

roman

PRIX GONCOURT
1999

LES ÉDITIONS DE MINUIT

e

1.
L'histoire des arts pendant le XXᵉ siècle peut être qualifiée d'extraordinaire : des centaines de personnalités et de mouvements géniaux ont traversé ce siècle en bouleversant toutes les formes d'expression de l'art : peinture, littérature, musique et mode.
Les premières décennies de ce siècle sont marquées par des mouvements avant-gardistes. D'ailleurs, non seulement le cubisme avec Picasso, le surréalisme avec Dali, Mirò et Magritte, mais aussi l'expressionnisme avec Munch exercent encore leur influence sur les courants picturaux actuels.

2.
Les courants littéraires sont nombreux : on peut citer des romans tels que *À la recherche du temps perdu* de Marcel Proust (1931), *L'Étranger* d'Albert Camus (1942) et *La Nausée* de Jean-Paul Sartre (1938). Ces deux derniers auteurs font partie des écrivains dits engagés qui s'impliquent dans des luttes politiques ou sociales. De plus, on peut évoquer le Nouveau Roman des années 1960-70 qui recherche l'objectivité et refuse l'analyse psychologique et la narration traditionnelle.

1 Associez les textes aux documents.

Texte	1	2	3	4	5
Document	b				

2 *Relisez les textes de l'exercice 1, puis répondez aux questions.*

1. Quels sont les mouvements du début du siècle qui ont bouleversé les traditions artistiques ?

2. Qui a modifié l'image de la femme ?

3. Que signifie l'expression "écrivain engagé" ?

4. Quels sont les nouveaux rythmes de musique créés au XXe siècle ?

5. Quels sont les chanteurs français évoqués dans ces textes ?

6. Pourquoi le grand public est-il plus touché par toutes les manifestations culturelles ?

3 *Testez vos connaissances culturelles en complétant l'encadré lexical avec les noms indiqués ci-dessous.*

Le Fémina · Le réalisme · Claude Monet · France Gall · Marguerite Yourcenar · Ariane Mnouchkine · Daniel Pennac · François Truffaut · Claude Debussy · La FIAC · Barbara · Le Médicis · Eric Satie · Georges Braque · La Fête de la Musique · Le Fauvisme

---

Lexique :
Un écrivain : **Daniel Pennac, Marguerite Yourcenar**
Un chanteur : _____
Un courant littéraire, artistique : _____
Un peintre : _____
Une manifestation culturelle : _____
Un compositeur de musique classique : _____
Un prix littéraire : _____
Un metteur en scène de cinéma ou de théâtre : _____

L'antériorité, la durée, la postériorité

4 *À l'aide des tableaux, complétez ces extraits d'horoscopes.*

Rappel : les expressions de temps
antériorité : **Avant** le match, ils ont dîné.
durée : Ils habitent en Italie **depuis** dix ans.
  Il a eu peur **pendant** la nuit.
postériorité : **Après** le film, il est rentré.

L'antériorité, la durée, la postériorité			
	+ infinitif	+ indicatif	+ subjonctif
antériorité	avant de → Passe à la banque **avant d'aller** au bureau !		avant que (ne) → Elle est sortie **avant que** son mari ne rentre.
durée		pendant que, depuis que → **Depuis que** tu as déménagé, on ne se voit jamais.	
postériorité	après (+ infinitif passé) → **Après être allée** au marché, j'ai pris un café avec Odile.	après que → **Après que** la municipalité aura voté les nouvelles réformes, cette ville sera plus vivable.	

bélier (21 mars-21 avril)
☆ travail : réfléchissez bien .... prendre une décision.
☆☆ amour : période tranquille, sans grandes émotions.
☆☆☆santé : excellente

taureau (22 avril-21 mai)
☆☆☆travail : si vous avez des problèmes, profitez-en .... les astres sont avec vous.
☆ amour : la période n'est pas des meilleures !
☆ santé : soignez votre ligne.

gémeaux (21 mai-21 juin)
☆☆☆travail : vous devrez attendre plusieurs mois .... une période aussi positive ne se représente.
☆☆☆amour : c'est comme le premier jour !
☆☆ santé : attention à l'alimentation. Vous êtes trop gourmand, or à Pâques le chocolat est une vraie tentation et les vacances approchent.

cancer (22 juin-22 juillet)
☆ travail : Eh oui, vos collègues vous aiment moins .... vous avez décidé de prendre la situation en main. Soyez patient !
☆☆☆amour : la Lune est avec vous, profitez-en !
☆☆ santé : surveillez votre ligne, l'été approche.

lion (23 juillet-23 août)
☆☆ travail : Il vous reste peu de temps : .... cette semaine, vous devez clarifier votre situation.
☆ amour : période sereine, sans grandes émotions
☆☆☆santé : excellente

vierge (24 août- 22 septembre)
☆ travail : vous vous sentirez sans doute mieux .... vos supérieurs vous auront fait connaître leur avis sur votre travail.
☆ amour : il serait bon que vous consacriez un peu plus de temps à votre partenaire !
☆☆ santé : ne négligez pas votre corps !

balance (23 septembre - 22 octobre)
☆ travail : soyez plus souple avec vos collègues.
☆ amour : les vacances s'imposent. Ne partez pas, toutefois, ... avoir réalisé tous vos projets.
☆☆ santé : essayez de vous coucher plus tôt.

scorpion (23 octobre-22 novembre)
☆ travail : profitez de cette période, les mois à venir seront sans doute plus agités.
☆ amour : ça pourrait être mieux, n'est-ce pas ?
☆☆ santé : votre vie est paisible. .... ce temps, pour quoi ne vous inscrivez-vous pas dans un club sportif ?

sagittaire (23 novembre - 21 décembre)
☆☆☆travail : vous travaillez beaucoup mais de grandes satisfactions s'annoncent sur le front travail. Vous ne l'aurez pas volé.
☆☆☆amour : .... une absence de plusieurs mois, Cupidon frappe aujourd'hui à votre porte. Profitez-en !
☆☆ santé : bien, mais surveillez vos nerfs, le stress joue de mauvais tours.

capricorne (22 décembre-20 janvier)
☆ travail : vous étiez sans doute plus content le mois dernier, n'est-ce pas ?
☆☆☆amour : votre âme sœur est enfin arrivée dans votre vie.
☆☆ santé : .... vous avez des ennuis au travail, vous mangez trop !

verseau (21 janvier — 19 février)
☆ travail : évitez le stress .... les jours à venir !
☆☆ amour : vivez l'instant présent, ne pensez pas au lendemain !
☆☆☆santé : vous avez la super forme

poissons (20 février — 20 mars)
☆☆ travail : vous vous dépensez beaucoup mais vous ne le regretterez pas ! Ayez confiance. Méfiez vous de l'envie de vos collègues.
☆☆☆amour : vous l'attendiez .... longtemps, vous l'avez bien mérité !
☆☆ santé : faites du yoga !

Écoutez ces phrases puis, pour chacune d'elles, cochez la case correspondant à l'expression de temps employée.

	antériorité	durée	postériorité
1	X		
2			
3			
4			
5			
6			

6 *Associez une phrase de la colonne de gauche à une phrase de la colonne de droite puis introduisez un rapport d'antériorité, de durée ou de postériorité selon le modèle.*

Exemple : Il déjeune au restaurant. Après, il prend un café au bistrot des Anglais.
→ **Après avoir déjeuné au restaurant**, il prend un café au bistrot des Anglais.

1. Il déjeune au restaurant.
2. Les enfants dorment.
3. Tu es arrivé ce matin.
4. Je regarde la télévision.
5. Je rentre très tard du bureau.
6. Je suis parti.
7. Tu achètes une voiture.
8. Il a pris le TGV.
9. Elle était au supermarché.
10. Nous passerons nos vacances en Angleterre.
11. Elle ira à la fête d'anniversaire de Laure.

a. Nos amis anglais habiteront chez nous durant notre absence.
b. Elle achètera d'abord un cadeau.
c. Après, il prend un café au bistrot des Anglais.
d. Tu discutes d'abord du prix avec le concessionnaire.
e. Avant, je lis Télérama pour choisir l'émission.
f. Pour se répartir les tâches, son mari est allé chercher les enfants à l'école.
g. Tu es resté seul à la maison.
h. Mon mari n'est pas content.
i. Il dit sans arrêt que c'est un train merveilleux.
j. Je peux enfin parler au téléphone avec Anne.
k. Tout le monde est heureux à la maison.

7 *Complétez ces phrases avec des expressions d'antériorité, de durée et de postériorité.*

Exemple : Il faudrait faire des économies **avant** d'acheter une maison.
pendant que nous en avons la possibilité.
après avoir passé un mois de vacances.

1. On avait décidé de partir aux Antilles _____
2. Elle s'était préparée soigneusement _____
3. Je t'enverrai un e-mail _____
4. Ses parents ne l'autorisent pas à sortir _____
5. Nous ne repeindrons pas la maison _____
6. Il a écrit un roman _____

8 *Après avoir lu la biographie de Coco Chanel, racontez sa vie en utilisant des expressions de temps.*

Gabrielle (dite Coco) Chanel
1883 : naissance à Saumur le 19 août
1910 : création de chapeaux à Paris sous
l'étiquette "Chanel Mode"
1913 : ouverture de sa première boutique de mode à Deauville
1915 : maison de couture à Biarritz
1920-1939 : grand succès de ses créations de mode
1939-1944 : début de la deuxième guerre mondiale et fermeture
de la boutique Chanel
1954 : Chanel revient. Présentation du tailleur en jersey dans sa
collection
1983 à nos jours : nouvel élan de la mode Chanel, grâce à Karl
Lagerfeld

Coco Chanel est née à Saumur **il y a plus de cent ans. Après avoir ouvert sa première boutique**
de mode à Deauville, elle... _____

_____

_____

_____

Argumenter

Observez le tableau "Argumenter", écoutez, puis complétez la grille selon le modèle.

	énumération	opposition	conséquence	récapitulation
1. la fête d'anniversaire			c'est pourquoi	
2. la météo				
3. l'achat d'un appartement				
4. les horaires de cinéma				
5. les projets d'été				
6. l'accident de voiture				
7. l'heure d'arrivée				
8. la grève des journalistes				
9. le théâtre				
10. les produits pour le corps				

Argumenter

1. énumération
et, de plus, en plus, encore, enfin, finalement, d'ailleurs...
Il travaille comme journaliste, **et en plus**, il a ouvert un restaurant.

2. opposition
mais, alors que, tandis que, pourtant, cependant, toutefois...
Nous avons envoyé un message à Thomas, **pourtant**, il affirme ne pas l'avoir reçu.

3. conséquence
donc, par conséquent, alors, c'est pourquoi...
Peu d'électeurs sont allés voter, **par conséquent**, le référendum a été annulé.

4. récapitulation
de toute façon, de toute manière, en tout cas, enfin, pour conclure, en effet...
Nous ne savons pas combien d'invités vont venir ce soir, **de toute façon**, nous avons prévu un buffet pour vingt personnes.

10 *Formez des phrases selon le modèle.*

Exemple : 1-b.

1. La semaine prochaine, nous allons inaugurer notre magasin,
2. Nous allons d'abord analyser la situation actuelle,
3. Charlotte est en retard,
4. Ce livre m'a beaucoup plu,
5. Ce matin, il y avait beaucoup de circulation sur la route de l'aéroport,
6. Mon frère est très actif : il est directeur d'un hôtel,

a. pourtant, j'ai réussi à prendre mon avion.
b. c'est pourquoi nous organisons une petite fête.
c. mais je n'aime pas beaucoup son auteur.
d. et en plus, il fait des études de droit.
e. de toute façon, elle ne connaît pas la ponctualité.
f. puis, les projets que nous voudrions réaliser cette année.

11 *À l'aide du tableau "Argumenter", imaginez comment les personnages indiqués pourraient réagir à chacune de ces affirmations.*

> **Exemple :** Paris, musée Rodin : fermeture en août !
> **a.** un employé du musée
> **— Chic ! Je pourrai donc partir en vacances avec ma famille !**
> **b.** un groupe de touristes de passage à Paris
> **— Mais, nous sommes venus à Paris exprès pour le visiter !**
> **c.** un Parisien
> **— Bah ! De toute façon, je pourrai le visiter en septembre !**

1. Victoire aux élections pour Marc Duprost !
 a. Marc Duprost : _____
 b. un électeur qui a voté pour lui : _____
 c. un électeur de l'opposition : _____

2. Augmentation en vue du prix des voitures !
 a. Paul, qui vient d'acheter une voiture : _____
 b. la famille Dupont qui avait justement l'intention de commander une nouvelle voiture : _____
 c. un écologiste qui voudrait supprimer la circulation des voitures dans les villes : _____

3. Temps pluvieux sur la Manche pendant tout le week-end !
 a. un habitant de Calais : _____
 b. Raoul, qui veut aller passer son week-end dans le Nord de la France : _____
 c. Pierre qui a décidé de partir sur la Côte d'Azur : _____

Écrit
Organiser un *texte*

12 *Lisez l'article, soulignez les mots qui marquent l'enchaînement des idées puis écrivez le début des trois parties (introduction, développement, conclusion). Si nécessaire, vous pouvez vous aider du tableau "Organiser un texte" page suivante (132).*

L'Espagne s'interroge sur les jeux vidéo violents

"Faut-il avoir peur des jeux vidéo ?" C'était le titre qui barrait la première page de *Blanco y Negro*, le magazine dominical du quotidien *ABC*. En soi, rien de révolutionnaire. Ce n'est pas d'aujourd'hui que parents et éducateurs s'inquiètent des heures passées par les enfants devant des écrans et de leur goût pour des jeux d'imagination de plus en plus violents. Mais si, au bout du compte, perturbés, ils finissaient par confondre rêve et réalité ? (...) Une psychologue citée par *El Mundo* explique en effet que les jeunes de l'an 2000 ne sont pas plus violents, mais sont moins protégés d'une certaine information destructrice. D'ailleurs, ils ne mesurent pas bien les conséquences lorsqu'ils pensent appliquer à la vie réelle la violence qu'ils voient à l'écran, à travers des jeux dont ils sont les protagonistes. (...) Mais faut-il pour autant interdire les jeux vidéo ? (...) Pour conclure, le journal affirme, rassurant : "Une console n'est qu'un élément de notre société, elle n'en fait pas des assassins en puissance, il faut un terrain pour cela. Il y a aussi beaucoup de vidéos bénéfiques et c'est donc aux parents de contrôler le contenu de ce que les enfants regardent.

D'après Le Monde, du 5/5/00

	début du paragraphe
introduction	«Faut-il avoir peur des jeux vidéo ?»
développement	....
conclusion	....

Organiser un texte

1. Introduction :
- présenter l'idée que l'on désire développer.
- annoncer ce que l'on veut dire dans le texte.

2. Développement :
- énumérer ses arguments classés (Deux types de plans possibles : 1.faits ou causes / 2. conséquences / 3. solutions *ou* 1 premier point de vue /2. arguments opposés / 3. jugement personnel)
- marquer l'enchaînement des idées par des expressions telles que : *tout d'abord, donc, néanmoins, d'ailleurs...*

3. Conclusion :
- résumer les points traités dans le texte.
- élargir le débat sans introduire de nouvelles idées.

13 *Remettez dans l'ordre les quatre parties de cet article de presse.*

L'ÈRE INTERNET CONTRAINT LES ENTREPRISES À APPRENDRE À DIRIGER AUTREMENT

1. Pour conclure, il ajoute que les firmes européennes ont eu le temps de tirer profit des erreurs américaines et qu'elles pourront rattraper leur retard si elles s'avèrent réellement capables de devenir globales, malgré le handicap de la langue, car, en effet, 80% du contenu de la Toile est encore en anglais.

2. Telle est la thèse défendue par Philipp Evans dans son ouvrage "New Strategies" (............)

3. Pour survivre et surtout permettre à leurs entreprises de se développer au rythme d'Internet, les dirigeants doivent non seulement "déconstruire" leurs firmes, mais même se déconstruire eux-mêmes, adopter d'autres modes de pensée.

4. Il affirme en effet que dans l'ancien système, il fallait être efficace, stable, savoir construire à grande échelle, alors qu'aujourd'hui, il faut faire preuve de créativité, savoir changer le produit, bâtir des alliances avec des entreprises différentes. (....)

D'après *le Monde* du 23/5/00

3			

14 *Sélectionnez les arguments et les mots de la banque lexicale donnée puis rédigez un court texte argumentatif de 100 mots environ sur l'importance des fêtes dans notre vie en le faisant précéder d'une phrase d'introduction et d'une phrase de conclusion.*

- réjouissance collective (Noël, fête de la Musique...) ou familiale (mariage, fiançailles...) célébrant un événement et donnant l'occasion de s'amuser
- moment permettant de consolider des liens sociaux, interrompant le quotidien, la routine
- aussi une exploitation commerciale (fête des Mères)
- inscription dans les mémoires, souvenirs heureux

verbes : animer, célébrer, danser, dépenser, inviter, offrir, organiser, s'amuser, stimuler, se rencontrer, se retrouver, dépenser, offrir...
noms : l'ambiance, l'anniversaire, la distraction, l'invité(e), la joie, le plaisir, la réunion, la réussite, la rupture avec la routine, le succès...
adjectifs : amical, amusant, chaleureux, collectif, détendu, familial, social...

15 *Observez ces documents puis répondez aux affirmations par "vrai" ou "faux".*

Dans les 800 centres de l'Alliance française du monde entier, on compte environ plus de 360 000 étudiants, dont 80% de moins de 25 ans.

Etat fédéral, la Belgique pratique, au niveau gouvernemental, la parité flamand-français. Mais, pour des raisons économiques, le flamand est en progression.

Dans le Maghreb, si le français est langue administrative de fait, il n'est plus, en raison de l'arabisation, langue exclusive d'enseignement.

Une langue, c'est aussi et d'abord un "esprit". Notre tradition de scepticisme critique continue de séduire les populations d'autres cultures, comme ici en Inde.

Depuis la loi 101 de 1977, le Québec, où résident 82% de francophones, a adopté le français comme langue officielle unique.

Les Particules élémentaires, de Michel Houellebecq, est le dernier livre français en date à avoir connu une carrière internationale.

	vrai	faux
1. Au Québec, le français n'est pas l'unique langue officielle.		X
2. En Belgique, la langue flamande est moins parlée qu'auparavant.		
3. Le *Canard Enchaîné*, journal satirique, est lu en Inde.		
4. Le roman *Les particules élémentaires* a eu peu de succès à l'étranger.		
5. Dans le monde, les gens qui apprennent le français sont en majorité des jeunes.		
6. En Algérie, au Maroc et en Tunisie, le français est encore langue unique d'enseignement.		

16 *Complétez cette carte géographique en y écrivant le nom de ces pays appartenant à la francophonie : Algérie, Belgique, Cambodge, Cameroun, Congo, Côte d'Ivoire,*

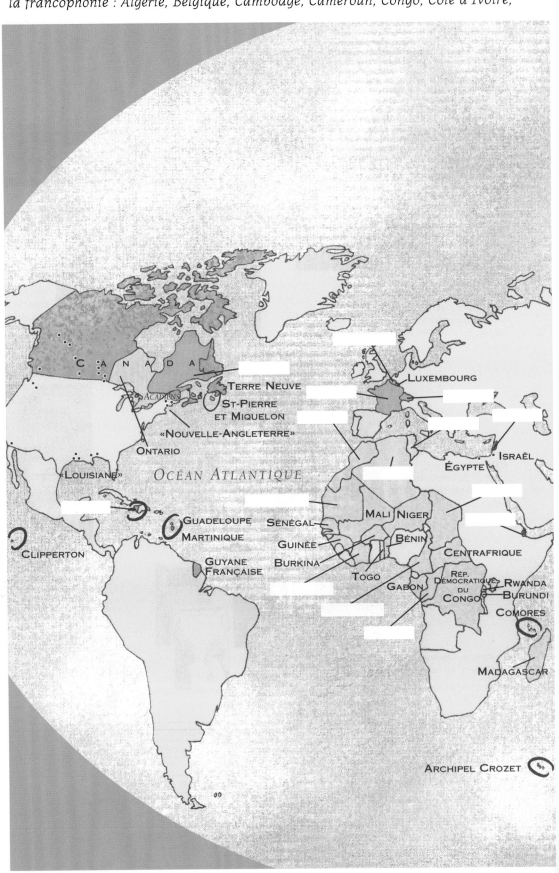

Djibouti, France, Haïti, Laos, Liban, Maroc, Mauritanie, Nouvelle-Calédonie, Québec, Réunion, Suisse, Tchad, Tunisie, Vietnam.

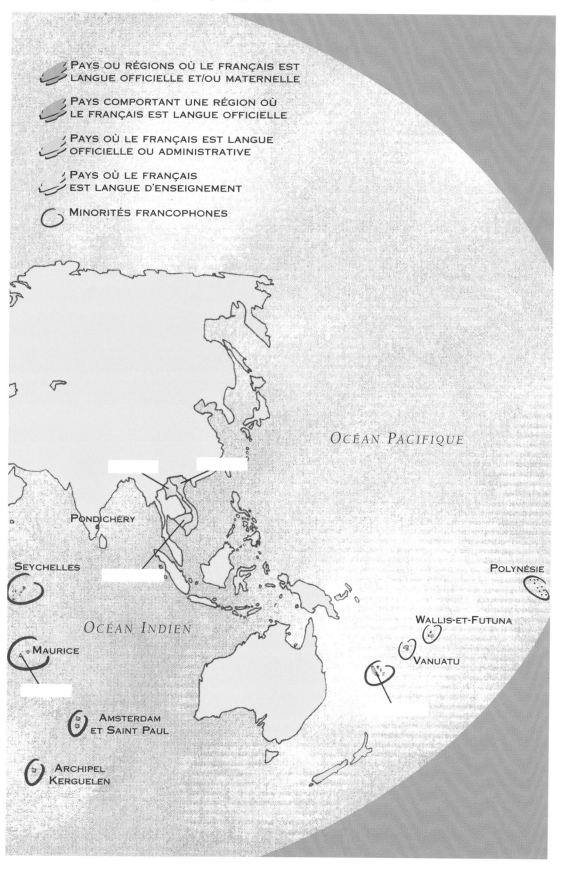

PAYS OU RÉGIONS OÙ LE FRANÇAIS EST LANGUE OFFICIELLE ET/OU MATERNELLE

PAYS COMPORTANT UNE RÉGION OÙ LE FRANÇAIS EST LANGUE OFFICIELLE

PAYS OÙ LE FRANÇAIS EST LANGUE OFFICIELLE OU ADMINISTRATIVE

PAYS OÙ LE FRANÇAIS EST LANGUE D'ENSEIGNEMENT

MINORITÉS FRANCOPHONES

OCÉAN PACIFIQUE

PONDICHÉRY

SEYCHELLES

POLYNÉSIE

WALLIS-ET-FUTUNA

OCÉAN INDIEN

MAURICE

VANUATU

AMSTERDAM ET SAINT PAUL

ARCHIPEL KERGUÉLEN

Test final

 Écoutez, cochez la phrase entendue, puis lisez ces phrases.

1.
☐ Je ris avec elle.
☒ J'ai ri avec elle.

2.
☐ Il conduit bien.
☐ Ils conduisent bien.

3.
☐ On se fait un thé.
☐ On s'est fait un thé.

4.
☐ Ils étudient bien.
☐ Ils s'étudient bien.

5.
☐ Je portais un paquet.
☐ J'ai porté un paquet.

6.
☐ Je choisis une glace.
☐ J'ai choisi une glace.

18 *Écoutez, cochez la phrase entendue, puis lisez ces phrases.*

1.
☐ C'est le mien.
☒ C'est la mienne.

2.
☐ C'est un temps agréable.
☐ C'est un ton agréable.

3.
☐ Voilà un Romain.
☐ Voilà un roman.

4.
☐ Je veux du thon.
☐ Je veux du thym.

5.
☐ Le train est lent.
☐ Le train est long.

6.
☐ Jean a téléphoné.
☐ Jeanne a téléphoné.

19 *Écoutez, puis marquez l'accent tonique selon le modèle.*

> **Exemple :** Le chat m<u>an</u>ge.
> Le <u>chat</u> mange du poi<u>sson</u>.

1. Le dentiste est absent.

2. Le dentiste est absent pour toute la semaine.

3. Vous êtes allés en Norvège ?

4. Vous êtes allés en Norvège, à Pâques, avec vos amis ?

5. Tais-toi !

6. Tais-toi et écoute la musique !

20 *Écoutez puis cochez la phrase entendue.*

1.
☐ Je veux y aller.
☒ Je vais y aller.

2.
☐ Parle plus fort !
☐ Parlez plus fort !

3.
☐ C'est lui.
☐ C'est Louis.

4.
☐ Où se trouve ta roue ?
☐ Où se trouve ta rue ?

5.
☐ Elle a six ans.
☐ Elle a seize ans.

6.
☐ J'ai mis deux heures.
☐ J'ai mis douze heures.

7.
☐ Ils sont bien écrits.
☐ Ils ont bien écrit.

8.
☐ Chante encore !
☐ Chantez encore !

9.
☐ Le sac est sur la table.
☐ Le sac est sous la table.

DELF

Oral

1 *Après avoir observé ce graphique,*
répondez aux questions.

1. Que pensez-vous de la réaction des Français à la question
"Pour vous, que représente avant tout le travail ?"
2. Que répondez-vous à cette même question et pourquoi ?

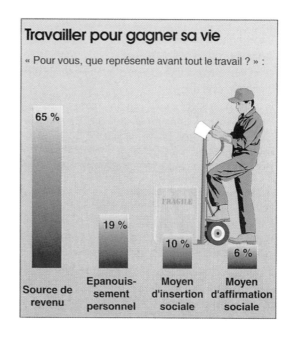

Travailler pour gagner sa vie

« Pour vous, que représente avant tout le travail ? » :

- 65 % — Source de revenu
- 19 % — Epanouis-sement personnel
- 10 % — Moyen d'insertion sociale
- 6 % — Moyen d'affirmation sociale

Écrit

2 *1. En quoi la façon de s'habiller au travail, en France, diffère-t-elle aujourd'hui par rapport à autrefois ?*
2. Que transmettons-nous à ceux qui nous observent à travers nos choix vestimentaires ?
3. Pouvez-vous décrire la situation représentée dans la photo : cadre, type de mobilier, attitude et habillement des personnages ?
4. Quelles sont, à votre avis, les professions des personnages représentés sur la photo ?
5. Pouvez-vous imaginer les relations professionnelles qui existent entre les trois personnages de la photo ?

En France, les codes vestimentaires sont chers à l'entreprise. En regardant les gens dans la rue et leur façon de s'habiller, il est possible d'en deviner la profession. Autrefois, c'était simple : à chaque classe sociale appartenait une façon de se comporter, une manière de s'habiller et chacun connaissait ses codes vestimentaires et s'y tenait. Aujourd'hui, la situation a changé, les classes sociales se sont mélangées, mais des codes existent et ils sont parfois encore plus complexes. Un professeur peut se permettre d'arriver sans cravate, mais pas un vendeur, une secrétaire peut venir en pantalon, de même qu'une femme cadre. Choisir sa garde-robe, c'est d'abord montrer qui on est et comment on souhaite que les autres nous perçoivent. Il faut arriver à traduire dans sa tenue les qualités essentielles que nos interlocuteurs attendent : la rigueur du banquier par ses costumes, le dynamisme du commercial par des couleurs vives et la créativité du directeur artistique par des accessoires fantaisistes. Et, pour finir, chez les femmes, un vêtement trop chic ou excentrique risque de brouiller le message, de faire passer au second plan les qualités professionnelles.

Travailler avec le CD audio

Unité 1

L'évolution du travail

Activité 1 P. 106 Exercice 1
1. Je me suis inscrit à une agence d'intérim afin de disposer d'un minimum d'argent.
2. Je garde mon énergie pour peindre, créer, réfléchir.
3. Puis, j'ai connu l'entreprise pour laquelle je travaille.
4. J'ai eu un bon entretien avec le patron.
5. Mes horaires sont très souples.
6. Elle a un Curriculum Vitae bien comme il faut.

Activité 2 P. 107 Lexique
1. Cette entreprise a un bon chiffre d'affaires.
2. J'ai obtenu un contrat intéressant.
3. Depuis quelques années, j'ai un travail à domicile.
4. Ce salarié est très actif.
5. Le télétravail est une nouvelle forme d'emploi.
6. Les gens qui travaillent dans cette entreprise ont un congé de cinq semaines.

Le but

Activité 3 P. 107 "Le but"
1. J'ai acheté un nouveau sac de voyage en vue de mon prochain départ en vacances.
2. Cette banque a ouvert plus de guichets afin de mieux servir ses clients.
3. Elle ne m'annonce jamais l'heure de son arrivée de peur que je ne m'inquiète de son retard.
4. Il m'a téléphoné pour m'inviter à sa fête.
5. Il m'a téléphoné pour que j'aille le chercher à l'aéroport.

Activité 4 P. 108 Exercice 5
1. Pour acheter une nouvelle voiture.
2. De manière à informer l'opinion publique sur ce problème.
3. Afin de leur annoncer mon mariage.
4. En vue de compléter sa formation.
5. De peur de vivre trop loin de France.

Réussir un entretien

Activité 5 P. 110 "Réussir un entretien"
1. Pourriez-vous nous parler de vos différentes expériences professionnelles ?
2. Est-ce que vous voulez bien nous citer quelques exemples ?
3. Y a-t-il quelques informations que vous souhaiteriez avoir sur le poste à pourvoir ?
4. Je vous ferai connaître notre décision d'ici une semaine.

Activité 6 page 110 "Réussir un entretien"
1. Dans mes emplois précédents, mes tâches étaient très variées.
2. Grâce au travail de notre équipe, le chiffre d'affaires de notre entreprise a presque doublé.
3. Pourriez-vous m'expliquer les fonctions de la nouvelle secrétaire ?
4. Pourrais-je savoir quelle serait la rémunération annuelle brute ?

5. Y a-t-il des primes ?
6. S'agit-il d'un CDD ou d'un CDI ?
7. Quelle est la durée de la période d'essai ?
8. Au revoir, monsieur, merci de m'avoir accordé cet entretien.

La liaison

Activité 7 P. 114 "La liaison"
1. Cette année, certains étudiants ont changé de faculté.
2. Ils occupent des postes importants.
3. En été, j'adore aller à la mer.
4. Il est très important de répondre à cette lettre.
5. Prends-en !
6. Réfléchis-y !
7. Quand il sera prêt, on partira.
8. C'est ce dont il m'a parlé.
9. Jean est là.
10. Il rentre et elle part.

Unité 2

La politique et la publicité

Activité 1 P. 115 Exercice 1
1. Vous n'aurez jamais le vote des femmes si vous faites votre campagne en short !
2. J'aurais voulu le faire taire si j'avais pu.
3. J'aurais aussi voulu qu'il change de femme.

Activité 2 P. 116 Lexique
1. Pendant les campagnes électorales, les électeurs découvrent les candidats.
2. Cet homme politique fait partie de la majorité.
3. L'opposition a voté contre le gouvernement.
4. Demain, on vote pour les élections présidentielles.
5. Les prochaines élections législatives auront lieu en septembre.
6. Les élections régionales sont très importantes.
7. C'est un slogan politique efficace.

Le conditionnel passé

Activité 3 P. 116 "Le conditionnel passé"
1. Malgré tout, elle serait allée le voir !
2. Tu aurais dû m'avertir plus tôt !
3. J'aurais voulu participer à votre mariage mais j'ai été retenu par mon travail à Washington.
4. Vous auriez pu m'aider pour mon déménagement.

Activité 4 P. 117 Exercice 5
1. Tu aurais pu me téléphoner, j'ai attendu pour rien !
2. Mais tu aurais dû me transmettre le dossier hier !
3. Vous l'avez laissé partir ? Mais vous n'auriez pas dû !
4. Tu aurais pu me préparer une tarte !
5. Mais la voiture ne marche pas ! Tu aurais pu t'en occuper !

Activité 5 P. 117 Exercice 6
1. J'aurais aimé être actrice, j'aurais été célèbre.
2. J'aurais navigué tout le temps, j'aurais découvert des pays.
3. Je me serais sentie libre.
4. Je serais devenu écrivain et j'aurais obtenu des prix littéraires.

Exprimer l'hypothèse

87 Activité 6 📖 P. 118 "Exprimer l'hypothèse"

1. Si elle termine son travail, elle pourra sortir.
2. S'il fait beau, je viens à la mer avec vous.
3. Ah! si j'avais de l'argent, j'achèterais un bateau.
4. Si les Mérieux étaient restés en Angleterre, leurs enfants auraient appris à parler anglais !

88 Activité 7 📖 P. 119 Exercice 11

1. Si les vaccins n'avaient pas existé, on n'aurait pas pu soigner certaines maladies.
2. Si Ève n'avait pas mangé la pomme, elle aurait pu rester au Paradis.
3. Si Christophe Colomb n'avait pas découvert l'Amérique, les Européens n'auraient pas connu la pomme de terre.
4. Si Juliette avait épousé Roméo, leur histoire d'amour se serait bien terminée.
5. Si on n'avait pas inventé la télévision, on ne serait pas aussi informés.

Les homophones lexicaux

89 Activité 8 📖 P. 124 Exercice 18

1. Il possède un fonds de commerce.
2. Tu mets ton pull ?
3. Il perd tout le temps aux cartes.
4. Pour moi, une escalope de veau !

Unité 3 💿

L'explosion de la culture

90 Activité 1 📖 P. 125 Exercice 1

1. L'histoire des arts pendant le XXe siècle peut être qualifiée d'extraordinaire.
2. Après que le prêt-à-porter a été introduit, la façon de s'habiller s'est modifiée.
3. De plus, on peut évoquer le Nouveau Roman.
4. D'ailleurs, non seulement le cubisme, mais aussi l'expressionnisme exercent leur influence.

91 Activité 2 📖 P. 126 Lexique

1. C'est un écrivain très connu qui a obtenu un prix littéraire.
2. Ce chanteur est très populaire chez les jeunes.
3. Au XXe siècle, il y a eu beaucoup de courants littéraires et artistiques.
4. J'adore l'œuvre de ce peintre.
5. À Paris, on peut assister à de nombreuses manifestations culturelles.
6. Debussy est un compositeur de musique classique.
7. Tous les metteurs en scène de cinéma se sont réunis pour le festival de Cannes.
8. En France, les prix littéraires sont très suivis par le public.

L'antériorité, la durée, la postériorité

92 Activité 3 📖 P. 127 "L'antériorité, la durée, la postériorité"

1. Avant le match, ils ont dîné.
2. Ils habitent en Italie depuis dix ans.
3. Il a eu peur pendant la nuit.
4. Après le film, il est rentré.
5. Passe à la banque avant d'aller au bureau !
6. Après être allée au marché, j'ai pris un café avec Odile.
7. Depuis que tu as déménagé, on ne se voit jamais.
8. Après que la municipalité aura voté les nouvelles réformes, cette ville sera plus vivable.
9. Elle est sortie avant que son mari ne rentre.

93 Activité 4 📖 P. 128 Exercice 7

1. On avait décidé de partir aux Antilles pendant qu'il restait à la maison.
2. Elle s'était préparée soigneusement avant de sortir avec lui.
3. Je t'enverrai un e-mail après avoir corrigé l'article.
4. Ses parents ne l'autorisent pas à sortir avant qu'il ne finisse d'étudier.
5. Nous ne repeindrons pas la maison pendant que les parents sont chez nous.
6. Il a écrit un roman après avoir vécu une histoire extraordinaire.

L'antériorité, la durée, la postériorité

94 Activité 5 📖 P. 130 "Argumenter"

1. Il travaille comme journaliste, et, en plus, il a ouvert un restaurant.
2. Nous avons envoyé un message à Thomas, pourtant il affirme ne pas l'avoir reçu.
3. Peu d'électeurs sont allés voter, par conséquent, le référendum a été annulé.
4. Nous ne savons pas combien d'invités vont venir ce soir, de toute façon, nous avons prévu un buffet pour vingt personnes.

95 Activité 6 📖 P. 131 Exercice 11

1. Enfin, j'ai été élu !
2. En effet, c'était le meilleur candidat.
3. Et pourtant, notre candidat avait un excellent programme.
4. C'est pourquoi je l'ai achetée le mois dernier.
5. Par conséquent, nous allons garder notre vieille voiture jusqu'à la fin de l'année.
6. En tout cas, c'est une bonne chose.

Phonie-graphie : Test final

96 Activité 7 📖 P. 136 Exercice 19

1. Le dentiste est absent.
2. Le dentiste est absent pour toute la semaine.
3. Vous êtes allés en Norvège?
4. Vous êtes allés en Norvège, à Pâques, avec vos amis.
5. Tais-toi !
6. Tais-toi et écoute la musique !

97 Activité 8 📖 P. 136 Exercice 20

1. Je vais y aller.
2. Parle plus fort !
3. C'est Louis.
4. Où se trouve ta roue ?
5. Elle a seize ans.
6. J'ai mis douze heures.
7. Ils sont bien écrits.

Transcriptions des cassettes

Dossier 1

Unité 1
Les voisins

Monsieur Tanaka vient d'emménager dans un immeuble parisien. Écoutez les conversations qu'il entend, indiquez sur le dessin à quel étage elles se déroulent puis complétez la grille.

	Félicitations	Reproches
1		Faire le ménage à 20h
2		
3		
4		
5		

6 - Six

Page 6 exercice 1

Monsieur Tanaka vient d'emménager dans un immeuble parisien. Écoutez les conversations qu'il entend, indiquez sur le dessin à quel étage elles se déroulent, puis, complétez la grille.

1. Dites donc, Madame Lagage, vous savez l'heure qu'il est ? Il est 20 h ! Votre ménage, il faut que vous le fassiez pendant la journée ! Mais enfin ! Y en a assez, vous allez finir quand ? Ma fille a été malade tout l'après-midi et maintenant elle est en train de dormir !

2. 10 ans de mariage ! On dirait pas ! De vrais amoureux tous les deux, toujours en train de s'embrasser ! Toutes mes félicitations et tous mes vœux de bonheur !

3. Les enfants, ça suffit ! Faites taire ce chien ! C'est insupportable ! Comment ça "On le fera plus !" ? Vos grands-parents sont en train de se reposer, eux !

4. Ben, dis donc, quel courage, à 20 ans, et en plus avec tes cours à la fac ! Tu viens de terminer les travaux tout seul ? Bravo ! Tes parents peuvent être fiers de toi !

Il y a de quoi être content d'avoir un fils qui sait se débrouiller !

5. Les pantoufles ! Ben, ne vous gênez pas ! C'est toujours la même chose ! Oui je sais, vous donnez des cours de tango ! Mais nous, avec mon mari, on en a marre ! Bonjour le mal de tête !

Page 7 exercice 3

Écoutez cette conversation, indiquez si les actions évoquées (pleurer, téléphoner, rencontrer) se déroulent dans le présent, dans le futur ou dans le passé, puis complétez le tableau.

— Ben, qu'est-ce que tu as maintenant ? Mais pourquoi tu es en train de pleurer !
— Nicolas vient de me téléphoner il y a cinq minutes, on s'est disputés !
— Voyons, tu es jeune, tu es mignonne, tu vas rencontrer des tas de gens, tu vas t'amuser, tu verras !
— Ouin !

Page 8 exercice 5

Écoutez, puis dites quelles sont les personnes qui prononcent ces phrases et indiquez le lieu et la situation de ces dialogues.

Exemple : — Dis, comment est-ce que tu vas t'habiller, Marina ?
— Oh, je viens de m'acheter une robe superbe, je veux être chic pour plaire à Jacques ! Julia, viens dans ma chambre, je vais l'essayer, tu me diras comment tu la trouves !

1. — Quoi ? qu'est-ce que tu viens de dire sur ma mère il y a cinq minutes ?
— Qu'elle exagère avec ses coups de fil ! Elle m'énerve : depuis qu'on est mariés, elle veut toujours savoir ce qu'on est en train de faire. Tiens, même aujourd'hui, à la plage, elle est là grâce à ton portable !

2. — Dis, tu sais que nos salaires vont être augmentés dans deux mois ?
— Non, je ne le savais pas, mais je suis en train de lire la note d'information de l'entreprise ! Super ! Allez, au boulot !

3. — Monsieur, vous allez descendre de ce taxi !
— Certainement pas, madame, je dois aller à l'hôpital. Je viens d'être mordu à l'instant par un chien ! Alors, c'est moi qui le prends ce taxi !

Page 10 exercice 8

Écoutez cette discussion en famille, puis, complétez les dialogues.

— J'en ai marre, ici, on ne me laisse rien faire. À 15 ans, je ne peux même pas sortir le soir ! Vous êtes nuls ! Les autres parents, ils sont plus cools que vous !
— Comment oses-tu me répondre ainsi ? Et puis d'abord, sache-le ma chérie, ici, c'est dur ! Aie de bonnes notes en classe et on en reparle ! Heureusement, ton frère, lui, je peux le féliciter pour ses résultats scolaires de ce trimestre ! Bravo mon fils !
— Alors, je peux aller au ciné avec les copains ?
— Ah non, tu dois aller chez tes cousins ce week-end !
— Ah ben tu parles d'une récompense d'aller chez eux, ils sont ennuyeux comme tout ! Et puis cette semaine j'ai fait les courses, et je viens de nettoyer le jardin !
— Félicitations pour tous tes efforts mais tu iras quand même chez ton oncle et ta tante !
— Y en a marre, je me tire ! Salut !
— Oh ! Ça suffit ! Vous êtes insupportables !

Page 14 exercice 15

Écoutez, puis indiquez si le verbe est au singulier ou au pluriel ou si on ne sait pas.

1. Ce livre peut nous aider.
2. Ils se souviennent peu de leurs cousins.
3. Ils le croient volontiers.
4. Ils ne savent pas de quoi parler.
5. Elle dit toujours la vérité.
6. Ils reçoivent beaucoup de monde.
7. Elle pense partir demain.
8. Ils apprennent facilement.
9. Ils choisissent un cadeau pour eux.
10. Elles voient leur nièce avec plaisir.

Page 14 exercice 16

Écoutez, complétez ces phrases, puis lisez-les.

1. Ils comprennent très bien l'anglais.
2. Elle doit se dépêcher.
3. Ils ne croient pas leurs amis.
4. Ils prennent des brioches.
5. Elle entend du bruit.
6. Elle ne lit jamais.
7. Ils dorment beaucoup.
8. Ils sentent bon.
9. Ils connaissent le chemin.
10. Il vit à Londres.

Page 14 exercice 17

Écrivez les sujets et les verbes entendus puis mettez-les au pluriel s'ils sont au singulier et au singulier s'ils sont au pluriel.

1. Il met une veste.
2. Ils écrivent mal.
3. Elle vient de très loin.
4. Ils boivent beaucoup d'eau.
5. Ils tiennent leur promesse.
6. Elle permet aux étudiants de sortir.
7. Il surprend tout le monde.
8. Ils apprennent le code de la route.
9. Elles peuvent le faire.

10. Elle ne réfléchit pas assez à la situation actuelle.

Page 15 exercice 1

Écoutez, complétez la grille en indiquant les aspects positifs ou négatifs de ces échanges, puis, en vous inspirant de la liste ci-dessous, attribuez au caractère de chacun des personnages un ou plusieurs adjectifs.

Dialogue 1

— Ça va, Pascale ?

— Oui, pas mal, merci.

— Tu faisais quoi comme travail, avant ?

— Oh, j'ai fait pas mal de boulots à droite et à gauche, rien de vraiment intéressant.

— Dis, si tu ne comprends pas quelque chose, il faut que tu nous le dises, n'hésite pas. Tu verras, le travail chez nous, c'est formidable !

— Bof, tu sais, pour moi, le boulot, c'est juste pour vivre. Mon truc à moi, c'est faire du théâtre. Je suis folle de joie quand je joue ! Comédienne, oui, c'est ça que je veux devenir. Tu verras, dans quelques années, je serai sur scène et alors, là, plus de boulots ennuyeux, plus de cantine,

plus de métro à 7 heures du matin... TERMINÉ, tu m'entends, TERMINÉ !

Dialogue 2

— Excuse-moi, je n'ai pas entendu ton prénom.

— Benjamin, mais les amis m'appellent Ben. Et toi ?

— Moi, c'est Christine.

— Qu'est-ce que tu fais dans la vie ?

— J'étudie, je suis à Sciences Po avec Jules. Et toi ?

— Moi, je suis peintre.

— Oh, il faut absolument que tu me montres tes tableaux. J'adore la peinture ! C'est merveilleux de transmettre des émotions avec des couleurs !

— Oh, tu sais, je ne suis pas Picasso, mais tu es gentille de me dire ça ! Ça te dirait de venir dans mon atelier samedi prochain, avec Jules bien entendu ? On pourrait mieux se connaître et discuter tranquillement.

— Chic ! T'as entendu, Jules, on est invités chez Ben !

Page 17 exercice 4

Écoutez ces dialogues. Trouvez le verbe au subjonctif et écrivez-le dans la colonne de gauche. Puis indiquez dans la colonne de droite, l'infinitif correspondant.

Exemple :

— Il faut que tu invites Jean et sa femme à la campagne le week-end prochain.

— Non, samedi, ils ne sont pas libres, ils vont à un mariage.

1. — Monsieur, il faut que nous préparions la liste des invités pour la fête de Noël.

— Mais non, Sarah, nous sommes au mois d'octobre, c'est encore trop tôt !

2. — Il faut que vous soyez à l'heure vendredi à la réunion, nous avons beaucoup de questions à traiter.

— Entendu !

3. — Appelle les enfants, il ne faut pas qu'ils oublient de choisir le gâteau d'anniversaire pour Cyril.
— Oh oui, tu as raison, je vais les appeler.

4. — Il faut que je présente ma nouvelle campagne publicitaire à 15 heures et elle n'est pas encore prête !
— Mais la réunion a été reportée à demain, excuse-moi, j'avais oublié de te le dire.

5. — Si Armand veut faire du judo, il faudrait qu'il aille au club de la rue des Carmes, ils sont très bien là-bas !
— Oh, Armand, tu sais, il change d'avis tout le temps, un jour c'est le judo, un autre le tennis…

Page 18 exercice 7

Écoutez, et à l'aide du tableau "Exprimer ses émotions", complétez la grille selon le modèle.

1. On part ensemble en voilier, comme je suis contente !

2. Oh, ça suffit, je suis furieuse ! Tu me répètes toujours que j'ai tort de passer des heures au téléphone avec mon neveu !

3. Oh non, ne me dis pas que tu ne peux pas sortir, je suis vraiment déçue, j'étais si contente d'aller faire des courses avec toi !

4. J'ai peur que Marc ne soit en colère contre moi, qu'est-ce que je peux faire ? Il est si susceptible !

5. Je suis tellement malheureuse de son départ ! Je ne le verrai pas pendant un an.

6. Mon doudou, ta maman est fière de toi ! Avoir son bac à 17 ans !

Page 25 exercice 18

Écoutez ces phrases et cochez le verbe que vous avez entendu.

1. Je sais qu'ils veulent une augmentation de salaire.

2. Il vaut mieux que nous allions au cinéma à 22 heures.

3. Tu sais bien que j'ai un beau livre sur les animaux.

4. Il serait bon que vous arriviez avant Paul.

5. Depuis cette année, nous étudions à l'université.

6. Il est important que vous choisissiez bien votre voiture.

Page 25 exercice 19

Écoutez et complétez cette lettre, puis lisez-la.

Chère Élizabeth,

Je veux te dire tout de suite ce qui m'arrive en ce moment : depuis lundi, j'ai un nouveau travail comme réceptionniste d'un grand hôtel. Le directeur est très exigeant : il faut que je sois ponctuelle, que j'accueille les clients et que je m'occupe du courrier. C'est un travail que j'aime beaucoup parce que je peux rencontrer des gens de tous les pays et le temps passe très vite. Par contre, une mauvaise nouvelle : je travaillerai pendant l'été, donc, il faut qu'on choisisse une autre période pour notre voyage. Et si nous partions en septembre ? Réponds vite. Je t'embrasse très fort.

Nathalie

P.-S. Il faut que tu m'envoies ton adresse électronique.

Page 28 exercice 4

Écoutez, dites ce qu'expriment ces personnes en cochant la grille, puis écrivez les verbes employés au conditionnel.

1. — Que diriez-vous d'une réunion demain ?

2. — Ben, je préférerais un rendez-vous en fin d'après-midi. Votre bureau ferme à quelle heure ?

3. — Vous devriez partir aux Antilles ! Vous en avez besoin après tout ce travail.

4. — Tu pourrais faire les courses ? Je n'ai absolument pas le temps ! Merci, mon chéri !

Page 30 exercice 9

Écoutez, et, à l'aide du tableau : "Exprimer ses sentiments", complétez les bulles de ce dessin et dites ce qu'éprouvent ces deux amoureux.

1. Je ne pense pas qu'il m'aime vraiment. D'ailleurs, cela m'étonnerait qu'il se souvienne de mon anniversaire ! Snif !

2. C'est son anniversaire. Je suis sûr qu'elle croit que je l'ai oublié. Et non, ce soir, je lui proposerai même que nous allions en week-end tous les deux en amoureux ! Je voudrais tant qu'elle soit heureuse !

Page 31 exercice 10

Écoutez et trouvez quels sont les sentiments exprimés par ces personnes en complétant la grille selon le modèle.

1. Tu as peut-être raison, mais ça m'étonnerait qu'il accepte notre proposition d'achat pour cette maison.

2. Je vous interdis de me répondre sur ce ton même si vous êtes mon supérieur !

3. Comme ton frère aimerait que tu viennes passer tes vacances chez lui !

4. Je doute fort que Max puisse faire

une répétition avant le concert.

5. On aimerait beaucoup que les impôts diminuent.

6. Je souhaite que mes enfants réussissent dans la vie et qu'ils soient heureux.

Page 35 exercice 18

Écoutez et cochez la phrase entendue.

Exemple : Ils se mettent en rang.

1. Donnez-lui un an.
2. Il sent bon.
3. Il y a beaucoup de plaintes.
4. Par instinct, il est calme.
5. C'est beau, les Andes !
6. Il a des gants énormes.

Page 35 exercice 19

Écoutez, cochez les sons entendus puis lisez ces proverbes.

1. La fin justifie les moyens.
2. À l'impossible nul n'est tenu.
3. Bien faire et laisser dire.
4. Autant en emporte le vent.
5. Chacun pour soi et Dieu pour tous.
6. Plus on est de fous plus on rit.
7. Rira bien qui rira le dernier.
8. Un tiens vaut mieux que deux tu l'auras.

Page 35 exercice 20

Écoutez, complétez, puis lisez ces phrases.

1. Léon se trompe souvent de train.
2. En un an, il y a eu bien des changements.
3. Lucien a envie de pain pour son déjeuner.
4. On s'est trompé en calculant.
5. Enfin, on repart en Angleterre avec nos amis chiliens.
6. Nous ressentons son indifférence.

Dossier 2

Unité 1
Le cadre de vie

1 *Lisez l'article puis les six affirmations. Retrouvez, pour chaque affirmation, la phrase de l'article correspondante.*

Aujourd'hui, M. Tout-Le-Monde équipe autrement sa maison. Par peur du chômage, le Français s'investit plus dans les gros travaux, ceux qu'on faisait très souvent dans les maisons autrefois. Il préfère le bricolage léger. Il rapporte du travail à la maison et il choisit, pour lire un écran d'ordinateur, les coins sombres en évitant les baies vitrées, celles qui plaisaient tant à nos parents

Sa chambre est un mini-bureau-salon dans lequel les nouvelles technologies l'accaparent pendant des heures. Les siens, loin du schéma traditionnel papa-maman-les-deux-enfants, s'éclatent dans le jardin, la véranda et le garage, de nouvelles pièces à vivre. Ce sont les pièces où il occupera le salon qui devient donc une pièce polyvalente. Notons que, bientôt, la cuisine devra s'agrandir pour accueillir les fameuses poubelles réglementaires, celles que les écologistes voudraient voir livrées qui ne peuvent pas passer par la porte ces gigantesques frigos, nouveau totem des familles, que l'on dénote cinquante-quatre fois par jour."

En effet, "les critères des architectes correspondent de moins en moins aux nôtres", précise le directeur d'une grande surface qui vend des meubles et des décorations d'intérieur.

Exemple : Aujourd'hui, les maisons ne sont plus aménagées comme avant.
→ Aujourd'hui, M. Tout-Le-Monde équipe autrement sa maison.

1. Les Français font les travaux eux-mêmes.
→ _____
2. Les maisons n'ont plus de grandes fenêtres.
→ _____
3. Aujourd'hui, les gens vivent aussi pendant la journée dans leur chambre.
→ _____
4. Les jeunes gens vivent surtout dans la pièce commune de l'appartement.
→ _____
5. Les architectes projetent des maisons avec des critères aujourd'hui dépassés.
→ _____
6. Les appareils ménagers prennent de plus en plus de place dans les logements.
→ _____

40 - Quarante

Page 43 exercice 5

Écoutez ces phrases et, pour chacune d'elles, cochez ce à quoi elle se réfère.

Exemple : Cette année, en Egypte, j'ai visité celles que je ne connaissais pas.

1. J'aime ceux qui parlent d'amour.
2. Achète-lui celles-là, c'est celles qu'il préfère.
3. Nous n'avons pas acheté ceux qui étaient exposés à la galerie, ils étaient trop chers.
4. Il a commandé celles qui sont servies dans ce restaurant et qu'il avait déjà goûtées.

Page 44 exercice 8

Écoutez et observez, puis complétez le tableau des pronoms possessifs.

1. – C'est ta voiture, Gérard ?
   – Non, ce n'est pas la mienne, c'est la voiture de ma femme.
2. – C'est l'anniversaire de Paul ?
   – Non, c'est celui de son fils, le sien est en février.
3. – C'est la tienne ?
   – Non, ce n'est pas ma veste, elle est trop petite pour moi.

4. – C'est leur appartement ?
   – Non, le leur est au 4ème étage.

Page 49 exercice 17

Regardez le plan de la Cité des Sciences et de l'Industrie et écoutez ce guide. Pour chacune de ces explications, trouvez de quelle attraction il s'agit.

1. Projetés sur un écran hémisphérique de 1000m2, les films présentés dans cette sphère de 36m de diamètre placent le spectateur au cœur de l'image.

2. Un écran de 21m de diamètre sur lequel sont projetés des milliers d'étoiles, des projecteurs à effets spéciaux et une sonorisation ultramoderne transportent le visiteur dans le cosmos.

3. Dans cet espace conçu pour eux, les enfants découvrent les principes scientifiques en jouant avec des machines interactives.

4. C'est un endroit où les grands thèmes d'actualité sont traités à partir de dépêches d'agences, de revues de presse ou de reportages sous forme de nouvelles brèves.

Page 50 exercice 19

Écoutez, puis complétez les phrases à l'aide du tableau "Le son [ɛ]".

1. Tu es au courant de ce qui est arrivé à Elvire ?
2. Il est important que tu aies ce travail.
3. Je ne pense pas qu'il ait la voiture, ce soir.
4. Il faut que j'aie l'autorisation de mon chef.
5. Je ne pense pas qu'ils aient écouté attentivement.

Page 50 exercice 20

Écoutez, puis complétez les phrases

à l'aide du tableau "Le son [ə]".
1. Ce sont mes neveux.
2. Tous les jours, il se réveille à neuf heures.
3. Je ne sais pas ce qui se passe.
4. Ils se sont rendu compte de leur erreur.
5. Allez, ce n'est pas grave !

Page 50 exercice 21
Écoutez, puis complétez les phrases à l'aide des tableaux ci-dessous.
1. Aujourd'hui, c'est dimanche.
2. Elle s'est précipitée vers la sortie.
3. J'aime beaucoup ces deux acteurs.
4. Ses parents viennent dîner ce soir.
5. Ce poulet, c'est un vrai délice.

Page 50 exercice 22
Écoutez, puis complétez ces phrases.
1. Ce sont toujours les mêmes qui se taisent !
2. J'aimerais que tu aies le courage de me le dire !
3. Je ne pense pas que ces gens aient tort.
4. C'est trop bon ! Paul est un très bon cuisinier, ses glaces au chocolat sont excellentes.
5. Il ne comprend plus ce qui lui arrive.
6. Il s'est trompé encore une fois.
7. Ma mère voudrait que j'aie du temps pour sortir avec elle.
8. On s'est réveillés trop tôt, c'est idiot !

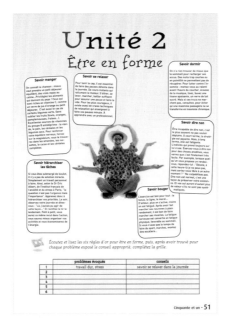

Page 51 exercice 1
Écoutez et lisez les six règles d'or pour être en forme, puis, après avoir trouvé pour chaque problème exposé le conseil approprié, complétez la grille.
1. J'organise des congrès de médecine partout dans le monde. C'est un métier passionnant mais très très dur, je ne l'aurais jamais cru. Tout est important, rien ne doit m'échapper et, surtout, c'est une course perpétuelle contre la montre. Par moment, j'ai la sensation que le stress me dévore. Quelqu'un pourrait me dire : "Travaille moins !". C'est sûrement vrai, mais je n'y arrive pas. Que faire ?
2. Certes, ce n'est pas la compagnie qui me manque, ni les choses à faire. La famille, les collègues, le chef, les voisins, les amis, il y a toujours quelqu'un qui a besoin de moi, qui sollicite de l'aide de ma part et, évidemment, je ne sais jamais dire non. Je sais, vous aurez peut-être du mal à me croire, mais il y a des moments où je préférerais rester tout seul pour m'occuper un peu de moi. Je ne vois pas comment m'en sortir.

3. Je vis au pas de course et, naturellement, mes repas suivent le même rythme. Bien sûr, je devrais avoir une alimentation plus équilibrée mais, je ne saurais même pas par où commencer.
4. Depuis quelques années, je souffre d'insomnies : toutes les nuits, sur le coup de 2 heures, vous vous rendez compte, de 2 heures ! Quelque chose me réveille, et là, je n'arrive plus à me rendormir profondément. Il est évident que, pendant la journée, je traîne une sensation de fatigue et, le soir, je ne peux jamais faire la fête avec mes copains. Que faire ?
5. Voiture, bureau, toute la journée je reste assis, et à la maison, je passe mes soirées affalé sur le divan à regarder la télé, à lire un livre ou à écouter de la musique. Pour combattre une vie sédentaire, il faut faire du sport, cela va de soi. Mais, tous les soirs, je quitte mon bureau après 20 heures : où et comment faire un peu d'exercice physique ?
6. La journée est de 24 heures et j'ai souvent la sensation de ne pas avoir le temps de tout faire. Je sais pas comment font les autres. Tout le monde me dit : "Tu n'as qu'à faire les choses essentielles". C'est sans aucun doute comme ça qu'il faudrait faire, mais je voudrais bien les voir, eux, à ma place !

Page 54 exercice 8
Écoutez, puis à l'aide des tableaux ci-dessous, indiquez, pour chaque dialogue, si la deuxième personne exprime son étonnement ou admet un fait et par quelle expression elle le fait.
1. — Tu connais la nouvelle : Jérôme a encore gagné au loto, cette semaine !

— Sans blague, il en a de la chance ton copain !

2. — Ma fille ne m'obéit pas, elle est très difficile en ce moment !

— Ça va de soi, avec l'éducation laxiste que vous lui avez donnée, il fallait s'y attendre un jour ou l'autre !

3. — Mais, monsieur, si Sylvie prend ses vacances en juillet, il faut absolument que j'attende son retour pour partir ?

— Bien sûr, Clémentine, après dix ans, vous n'avez pas encore compris comment fonctionne notre bureau ?

4. — Est-ce que nous allons chez tes parents pour Noël ?

— C'est étonnant que tu me le demandes, je croyais que tu ne voulais plus y aller pendant les vacances !

5. — Tu sais, Caroline, nous avons enfin acheté la maison au bord de la mer !

— Incroyable, depuis le temps que vous en parliez !

6. — Il faudrait que tu te reposes un peu, Ariane, tu as l'air vraiment fatiguée.

— C'est sûrement vrai, mais je ne peux pas en ce moment, j'ai trop de boulot.

Page 57 exercice 13

Écoutez cet extrait d'une conversation téléphonique entre une employée du magazine "Savoir vivre" et Françoise Salbertin, une abonnée. Puis, à l'aide du tableau "Écrire une lettre de réclamations", rédigez une lettre comme si vous étiez Françoise Salbertin.

— Mais enfin mademoiselle, c'est inadmissible : nous sommes le 14 août et je n'ai pas encore reçu votre magazine, alors qu'il est déjà en vente dans les kiosques depuis une semaine. D'ailleurs, ce n'est pas la première fois que cela m'arrive.

— Je sais, madame, mais vous savez,

il y a des problèmes avec la poste en ce moment, vous allez sans doute le recevoir ces jours-ci.

— La poste, les retards… C'est tout ce que vous trouvez à me dire ? Passez-moi le directeur s'il vous plaît.

— Désolée, madame, il n'est pas en France en ce moment.

— Bon, écoutez, je n'ai pas que ça à faire, je vais vous envoyer une lettre aujourd'hui même à l'attention de votre directeur. On va voir ça ! Vous avez un numéro de fax ?

— Oui, madame, c'est le 01 44 30 99 99.

— Au revoir, mademoiselle.

— Au revoir, madame.

Page 59 exercice 15

Écoutez, puis complétez les phrases à l'aide du tableau "Le son [la]".

1. Tu as vu la fille de Mme Richard ? Elle mesure 1,80 m.
2. C'est là que je voudrais vivre.
3. Elle l'a vu, mais elle n'a pas voulu lui parler.
4. Viens là, ne t'éloigne pas !
5. Tu l'as payé combien ?

Page 59 exercice 16

Écoutez, puis complétez les phrases à l'aide du tableau "Le son [c̄]".

1. On ne parle pas la bouche pleine !
2. Oh là là, mes enfants ont demandé un chien comme cadeau de Noël !
3. À quelle heure elles ont terminé, hier soir ?
4. On y va, Jacques ?

Page 59 exercice 17

Écoutez, puis complétez les phrases à l'aide du tableau "Le son [a]".

1. C'est à toi !
2. Cette maison a quatre étages.
3. Qu'est-ce que tu as dit ?
4. Ma voisine a 40 ans.

5. Je vais à Madrid le mois prochain.

Page 59 exercice 18

Écoutez, puis complétez les phrases.

1. Son rhume ? C'est à la mer qu'il l'a attrapé.
2. Mais non, on ne l'a pas rangé là, mais dans l'armoire.
3. Tu as toujours de drôles d'idées ! Aller à la piscine à 22 heures !
4. Henri et Jean-Philippe nous ont fait un beau cadeau et on ne les a même pas remerciés !
5. Quand ont-elles commencé leur travail là-bas ?

Page 60 exercice 1

Écoutez ce débat, répondez par "vrai" ou par "faux" à ces affirmations, puis corrigez-les si nécessaire.

— Enfin, on a retrouvé la confiance et on a envie de faire la fête, tous les magazines en parlent : le bonheur, rien de moins ! Ce soir, France 3, dans "Échanges" vous propose un débat sur le bonheur en l'an 2000. Nous recevrons un sociologue, chercheur au CNRS, M. Brun, et deux auditeurs Odile Campestre, étudiante aux Beaux-Arts et Robert

Lefèvre, informaticien. Bonsoir à tous et merci d'être venus. Je me tourne vers M. Brun : que pensent les sociologues de ce sujet ?

— Eh bien, d'après les statistiques, de nombreuses personnes estimeraient que l'on peut être heureux en famille. Par exemple, 93% pensent que l'amour et la famille sont très importants, puis, en ce qui concerne la réalisation personnelle, notamment professionnelle, 85% y croient. Quant à l'argent, il est considéré comme peu important par 21% des Français interrogés ; par contre, le bien-être physique et psychologique ainsi que l'art de vivre en France sont ressentis comme importants par respectivement 96 et 88% des personnes interrogées.

— Ah non, je ne partage pas le point de vue de M. Brun. Je le trouve un peu trop optimiste. La plupart des gens sont plus matérialistes que ça. Pour moi, le bonheur, c'est peindre, et qu'on apprécie ce que je fais. Et je serais également heureuse de devenir célèbre avec mon travail de peintre.

— Pardon de vous couper mais j'aimerais dire qu'à mon avis, le bonheur, c'est une recherche personnelle. Qu'est-ce que ça veut dire être heureux ? Être en bonne santé et avoir beaucoup d'amis.

— Tout à fait d'accord !

— Très bien, alors qui veut prendre la parole pour conclure notre émission ?

— Il me semble que nous cherchons tous à être bien dans notre famille, avec nos amis, à être heureux dans notre vie et ainsi à en profiter.

Page 62 exercice 6

Écoutez, puis écrivez le numéro de chaque question devant la réponse correspondante.

1. Regardez, les enfants, cette photo de vacances en Bretagne,

vous vous en souvenez ?
2. Partir seul en Inde ? Mais est-ce que tu en as l'habitude ?
3. Monique, il y en a encore ou je dois aller à la boulangerie ?
4. Ils y ont répondu par mél ou par fax ?
5. Vous en voulez encore un peu ?

Page 63 exercice 8

Lisez le tableau ci-dessous, écoutez ces répliques puis remplissez la grille selon le modèle.

1. Bon, soyons sérieux, qui veut prendre la parole pour donner son opinion sur le problème de l'emploi en l'an 2000 ?
2. Oh oui, vous avez bien raison, de plus, j'ajouterai qu'une réforme universitaire est nécessaire au plus vite.
3. Revenons-en au problème des valeurs morales de notre société, je passe la parole à Hélène.
4. Non, je ne partage pas du tout votre opinion, le problème de base est celui du manque d'intérêt de l'électorat pour la politique.
5. Mais, comment pouvez-vous affirmer qu'il n'existe pas de problème de violence dans les banlieues ?
6. Absolument, comme vous, je pense que le développement des activités touristiques dans notre région est essentiel.
7. Pardon de vous couper la parole, mais moi, j'aimerais avoir des programmes de qualité à la télévision !
8. Pour finir notre tour de table concernant le chômage, j'aimerais connaître l'avis de nos auditeurs. Allô ? Oui, monsieur, nous vous écoutons.

Page 68 exercice 16

Écoutez, puis complétez les phrases à l'aide du tableau "Le son $[s\tilde{a}]$"

1. Je ne partirai pas sans Marie et Pierre.
2. Ils ont sans doute raison.
3. Elle est très aimée, est-ce qu'elle s'en rend compte ?
4. Tu te sens bien ?
5. On s'en souviendra de ces vacances !
6. Je sens qu'il va me dire non sans hésiter.
7. Il s'en va en Espagne sans elle.
8. Cette fleur sent bon.

Page 68 exercice 17

Écoutez, puis complétez les phrases à l'aide du tableau "Le son $[k\tilde{a}]$"

1. Qu'en penses-tu ?
2. Quand on travaille, il faut du calme.
3. Qu'en dit-il ?
4. Quand on aime, on ne compte pas.
5. Monsieur, qu'en dites-vous ?
6. Quand on veut, on peut.
7. Viens quand tu veux.
8. Ce nouvel ordinateur, qu'en feras-tu ?

Page 74 Exercice 1

Lisez ces textes, puis écoutez l'enre-

gistrement. Pour chaque personne interviewée, trouvez pour quelle(s) raison(s) elle utilise Internet et complétez la grille selon le modèle.

1. Pour moi, Internet, c'était au début une manière de connaître des gens et de communiquer avec eux. Je passais des heures et des heures devant l'écran, puis, un jour, comme j'ai eu besoin d'acheter une voiture, j'ai compris que je pouvais le faire calmement de chez moi. Grâce à Internet, ma vie de consommateur a vraiment changé.

2. Dès que j'ai un petit moment, ça y est, j'attrape la manette de jeu et j'allume l'ordinateur. C'est comme une maladie, parce que je ne peux plus m'en passer. Ce que je préfère ? Les jeux de rôles, je pourrais rester des heures devant mon écran.

3. Je viens de changer de ville et ici je n'ai donc pas encore beaucoup d'amis. Mais, grâce à Internet, j'ai vraiment l'impression d'être moins seule. Je ne connais pas mes correspondants parce que je ne les ai jamais vus, mais à la fin je suis presque plus intime avec eux qu'avec des connaissances réelles et puis j'adore discuter avec des gens du monde entier.

4. Au début, quand je m'y suis abonné, c'était juste pour faire plaisir à toute ma famille, un jouet qui permette à chacun de passer un petit moment agréable. C'est comme ça que je l'ai vécu pendant les premiers mois. Mais, depuis la rentrée, j'ai commencé à m'en servir pour aider mes enfants dans leurs recherches et c'est ainsi que j'ai compris l'utilité d'Internet : c'est mieux qu'une encyclopédie.

5. Je travaille dans la filiale d'une grande entreprise dont le siège est à Bruxelles. Souvent, nous demandons au siège des informations. Ou alors, ils nous transmettent des documents dont nous ne disposons pas. Franchement, c'est indispensable pour le travail.

6. Mon mari est diplomate, par conséquent, j'ai des amis un peu partout dans le monde. Mais je reste en contact avec eux, vu que presque tous ont une adresse électronique. C'est comme si on ne s'était jamais quittés.

Page 76 exercice 5

Écoutez, écrivez les participes présents entendus, puis indiquez la cause et la conséquence de ces actions.

Exemple : Les enfants partant en vacances, nous sommes heureux d'accepter votre invitation.

1. La SNCF étant en grève, je vais prendre l'avion.
2. Désirant être bien informée, je m'abonne au Monde.
3. Adorant les fleurs, Louise passe tous ses dimanches dans son jardin.
4. L'école fermant le 10 juillet, nous partirons le 15.
5. Travaillant beaucoup, Pierre n'a pas le temps d'aller au cinéma.

Page 82 exercice 18

Écoutez, cochez la phrase enregistrée en étant attentif à la ponctuation, puis lisez-la.

1. Dis donc, tu ne m'as pas appelé hier soir ? Tu exagères ! Moi qui t'attendais pour sortir ! Mais, tu es peut-être fatigué ?
2. Qu'est-ce que vous me dites ? Qu'il est absent !
3. Donne-moi de l'argent ! Je n'en ai plus... Eh oui, tu me connais...
4. Zut ! La clé ne marche pas ! Il est vraiment incapable ce serrurier ! Tu sais ce qu'il a fait : il l'a refaite déjà trois fois et elle ne marche toujours pas !

Page 82 exercice 19

Écoutez, soulignez là où l'accentuation est la plus forte, puis lisez ces phrases.

Exemple :
Il fait beau.
Il fait beau, aujourd'hui.
Il fait beau, aujourd'hui, à Paris.

1. La semaine prochaine, je pars.
   La semaine prochaine, je pars en Angleterre.
   La semaine prochaine, je pars en Angleterre avec mes amis.
2. J'aime le cinéma.
   J'aime le cinéma français.
   J'aime le cinéma français et le cinéma américain.
3. Il adore faire la cuisine.
   Il adore faire la cuisine orientale.
   Il adore faire la cuisine orientale avec des ingrédients exotiques.

Page 82 exercice 20

Écoutez, ponctuez ce sketch en mettant des majuscules si nécessaire, puis lisez-le.

— Qu'est-ce que c'est ?
— Ce sont les sacs de mots que vous avez commandés !
— Une seconde !...
(On ouvre la porte)
— Ah ! Tous les mots y sont ?
— Tous ! Deux sacs de mots courants... des mots sans suite... et il y a même un mot de trop !
— Et ce petit sac ?
— Ce sont les ponctuations... les points... les virgules, etc.

Page 83 exercice 1

Observez ces dix documents et écrivez sous chacun d'eux à quelle rubrique ils correspondent. Puis écoutez et indiquez quelles informations le journaliste a reprises dans le bulletin radio.

Bonjour, flash de 13 heures, (musique). Selon le M.E.D.E.F., la situation des entreprises est plutôt satisfaisante.(musique) L'Assemblée vote le projet de loi par 466 voix contre 28 et 9 abstentions. C'est la fin du septennat dont on a beaucoup parlé ces jours-ci ! (musique) Un seul joueur français reste en compétition sur les courts, alors que 17 avaient tenté l'aventure. (musique) Les orages passent à l'est, soleil au centre et dans le sud du pays. (musique) Ce soir, sur France 3, un spectacle à ne pas rater, un opéra splendide. C'est la télévision italienne qui s'est occupée de cette opération. (musique) Et, pour terminer, la sortie en salles du dernier film de Luc Besson : Jeanne d'Arc. Le regard neuf de Luc Besson sur l'histoire de cette héroïne donne du plaisir au spectateur. C'est un spectacle où l'on peut revivre l'enfance et la vie de ce personnage historique. La Jeanne d'Arc

de Besson est humaine. De plus, le fantastique et le merveilleux se confondent. Allez-y vite, voilà le film qu'il faut absolument voir. (musique) Merci de votre attention et à notre prochain rendez-vous de 17 heures ! (musique)

Page 84 exercice 2

Écoutez, puis complétez ce texte à l'aide de l'encadré lexical.

Salut, vous êtes sur Radio Bahut ! Rien de plus passionnant que de monter un projet radiophonique, avec de vrais animateurs et bien entendu de vrais auditeurs. Le problème est de diffuser des programmes qui permettent de toucher un vaste public et ainsi d'augmenter l'audience de la station radiophonique. Il faut aussi émettre 24h sur 24, en proposant des thèmes d'actualité, des interviews amusantes et des informations étonnantes.

Page 87 exercice 8

Écoutez, puis lisez ces phrases en suivant la courbe intonative indiquée.

1. Ce que je déteste, c'est les gens énervés !
2. Moi ? C'est la mer qui me plaît !
3. Un film policier, voilà ce qu'on devrait voir !
4. Vous les connaissez ces gens ?
5. C'est tout à fait vrai ce que tu dis !
6. Avant de parler, réfléchissez bien à ce que vous dites !
7. C'est vrai que Jean arrive demain ?
8. Ce pavillon en vente, tu penses que c'est une affaire ?

Page 87 Exercice 9

Écoutez, puis complétez la grille selon le modèle.
Exemple :

— T'as l'air bien fatigué, c'est l'examen de biologie qui te fait cet effet ?
— Eh oui, rappelle-toi quand tu l'as passé l'an dernier. Pour toi aussi, c'était dur, non ?

1. — Où avez-vous vécu avant de venir en France pour trouver du travail, monsieur ?
— Aux États-Unis. C'est là où j'ai passé dix ans pour finir un Master.

2. — Et pour vous, madame ?
— Une baguette, s'il vous plaît. Il est délicieux, votre pain, quel est votre secret ?

3. — Ma chérie, qu'est ce que nous ferons pour nos 20 ans de mariage ?
— Moi, ce que j'aimerais faire, c'est une grande fête, et toi ?

4. — Ça va mon chéri ?
— Pas trop, voilà une heure que je t'attends...

5. — Alors, tu as aimé tes vacances ?
— Ah, oui ! Moi, ce qui me plaît pendant les vacances c'est la mer, le soleil et le repos. La Corse, c'est l'idéal pour ça !

6. — Dis donc, qu'est-ce que tu veux faire dans la vie ? Continuer à travailler pour Air France ?
— Oh non, c'est simple, moi, ce que je désire, cher collègue, c'est faire le tour du monde en bateau !

7. — L'année prochaine, qu'est-ce qu'on programme comme campagne publicitaire ?
— Monsieur, c'est vous qui devez décider ! C'est vous le directeur !

8. — Dites donc, c'est un peu cher votre prix pour les travaux de peinture !
— Oui, peut-être, mais un appartement superbe, c'est ce que vous aurez à la fin des travaux ! Ça vaut la peine, non ?

Page 92 exercice 15

Écoutez, puis complétez le tableau

"Les accents".

1. responsable
2. éviter
3. examen
4. relation
5. reformer
6. personnel
7. échange
8. vêtement
9. réfléchir
10. mystère
11. réviser
12. réforme

Page 92 exercice 17

Écoutez, puis mettez des accents aigus ou graves sur les "e" si nécessaire.

1. Ils exagèrent de sélectionner uniquement leurs amis.
2. Nous espérons qu'ils en reprendront.
3. C'est un mystère bien mystérieux.
4. Soyez méthodiques dans la réalisation de ce projet.
5. Cette conférence internationale est très intéressante.
6. Ce message a été envoyé par courrier électronique.

Page 92 exercice 18

Écoutez, puis mettez les accents nécessaires.

Exemple : Il faut réfléchir avant d'écrire cette lettre.

1. C'est une excellente expérience.
2. Examinons cette question.
3. Respectons et protégeons les éléphants.
4. Il est exact que c'est une affaire personnelle.
5. Cette période de l'année est exceptionnelle.
6. Adressez-vous directement au technicien.
7. Ils nous suggèrent de partir dans des délais brefs.
8. Les règles de sécurité sont élémentaires dans ce service.

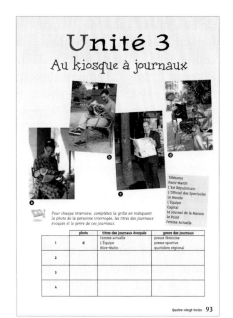

Unité 3
Au kiosque à journaux

Pour chaque interview, complétez la grille en indiquant la photo de la personne interrogée, les titres des journaux évoqués et le genre de ces journaux.

Télérama
Paris-Match
L'Est Républicain
L'Officiel des Spectacles
Le Monde
L'Équipe
Capital
Le journal de la Maison
Le Point
Femme Actuelle

	photo	titres des journaux évoqués	genre des journaux
1	d	Femme actuelle L'Équipe Nice-Matin	presse féminine presse sportive quotidien régional
2			
3			
4			

Page 93 exercice 1

Pour chaque interview, complétez la grille en indiquant la photo de la personne interrogée, les titres des journaux évoqués et le genre de ces journaux.

1. — Oh, pour commencer, je peux vous dire que moi, j'adore les magazines qui parlent des problèmes de tous les jours, la maison, la famille, les enfants, le jardin. Je suis abonnée à "Femme Actuelle". C'est mon mari qui m'a abonnée. Lui, par contre, dit que la presse féminine il ne l'a jamais aimée, il achète "L'Équipe". Moi, la presse sportive, ça ne m'intéresse pas du tout. De temps en temps, je lis la "Une", au moins je suis au courant de l'actualité sportive. (pause) Des quotidiens ? Non, on n'en lit pas régulièrement. Parfois, mon mari achète "L'Est Républicain", vous savez, on est intéressés par notre région, nous sommes nés là-bas !

2. — Qu'est-ce que vous entendez exactement par "votre journal préféré" ? Eh bien, je vais vous dire ce que j'ai lu ces derniers temps : "Paris Match". Je l'ai souvent acheté pour ses repor-

tages sur la tempête. De tous les hebdomadaires, c'est celui que je préfère. Sinon, j'aime bien lire les magazines qui parlent de la maison et de la décoration, "Le journal de la maison", par exemple.

3. — Bien sûr que je peux vous parler des journaux que je préfère. C'est très simple : "Télérama", pour les programmes télé et les critiques culturelles et "L'Officiel des spectacles", pour être au courant de ce qui se passe à Paris.

4. — Je n'ai pas beaucoup de temps, mais je vais essayer de vous répondre. Qu'est-ce que je lis ? Chaque jour, je lis "Le Monde". Chaque semaine, j'achète "Le Point", l'éditorial de son directeur m'intéresse toujours et puis, j'aime ses articles qui parlent de la situation politique actuelle en France. Une fois par mois, j'achète "Capital", il y a des articles intéressants pour ma profession.

Page 96 exercice 7

Écoutez puis, à l'aide des tableaux, complétez la grille.

1. — Pourriez-vous me préciser votre point de vue ?
2. — Est-ce que vous savez pourquoi, dans ce quartier, les prix sont si élevés ?
3. — Qu'est-ce que vous entendez par situation problématique ?
4. — J'aimerais encore vous poser une question : quels sont vos chanteurs préférés ?
5. — Dis-moi, tu as pris des notes en cours ce matin ?
6. — Pardon, je crois ne pas avoir bien compris.
7. — Une dernière question : quel est le prix du cours intensif ?
8. — Je voudrais encore avoir un renseignement : quelle est la surface de l'appartement ?

9. — Tu crois vraiment qu'ils iront à la manifestation, demain ?

10. — Ça veut dire quoi, pour toi, suivre une formation ?

Page 101 exercice 15

Écoutez puis indiquez, dans chacune des phrases, à quelle personne ou à quel objet se réfère le pronom en cochant le nom correspondant.

1. Je les ai mis au courant de mes projets.
2. Il nous les a offertes pour notre mariage.
3. C'est Raoul qui l'a faite.
4. Il est probable qu'il l'a admise.
5. Non, monsieur, ce n'est pas moi qui les ai ouvertes.
6. On les a reconstruites après la guerre.
7. Ils les ont repeints en blanc.
8. Ma collègue ne les a pas remis à leur place.

Dossier 4

Unité 1
L'évolution du travail

Écoutez, puis complétez la grille.

Il / elle déclare	qui ?
1. avoir eu peur de gagner moins d'argent avec son nouveau travail	Anne-Laure
2. avoir eu des critiques de la part de ses collègues	
3. travailler pour gagner le minimum vital	
4. avoir un salaire inférieur à celui de sa femme	
5. travailler pour une agence intérimaire	
6. avoir décidé de changer d'emploi lors d'un entretien avec son nouveau chef	

106 - Cent six

Page 106 exercice 1

Écoutez, puis complétez la grille.

1. Jules, 35 ans, artiste : — J'ai fait des études de sciences économiques, j'ai travaillé dans l'informatique et j'ai beaucoup voyagé pour mon travail. Après dix ans de carrière, j'ai commencé à me sentir fatigué de toujours travailler, de ne jamais avoir un moment pour moi et j'ai commencé à peindre. Au début, je ne consacrais que quelques heures par mois à mon passe-temps, puis toujours plus. Les amis m'encourageaient, me disaient que j'avais du talent. J'ai donc compris que je voulais en faire mon métier et je me suis inscrit à une agence d'intérim afin de disposer d'un minimum d'argent. Je ne travaille qu'à mi-temps, l'après-midi, pour pouvoir peindre le matin. Comme ça, je suis moins stressé et je garde mon énergie pour peindre, créer, réfléchir.

2. Anne-Laure, 34 ans, téléopératrice : — Je vends des abonnements de journaux par téléphone. Quand mon mari est parti de la maison, je me suis sentie perdue, j'étais vendeuse dans un grand magasin et mes deux filles étaient encore à la maternelle. Le soir, j'étais crevée. On m'a parlé du télétravail, mais j'avais très peur de ne pas gagner assez d'argent. Puis, j'ai connu l'entreprise pour laquelle je travaille, j'ai eu un bon entretien avec le patron, ils m'ont plu et j'ai décidé de me jeter à l'eau. Une pièce de ma maison est devenue mon bureau et j'y passe un certain nombre d'heures par jour, mais mes horaires sont très souples, je les adapte à mes exigences familiales. En travaillant environ six heures par jour, j'arrive à gagner presque autant que mes anciennes collègues vendeuses. Et je suis chez moi.

3. Marc, 35 ans, en congé parental : — Avant de connaître Sylvie, je n'avais jamais eu très envie d'avoir un enfant. Aujourd'hui, je fais partie du 1% des hommes en congé parental ! Sylvie s'est occupée du bébé pendant quatre mois, pendant que moi, je travaillais : je suis employé de banque. Je partais tôt le matin, car nous vivons en banlieue et, le soir, quand je rentrais à la maison, Marie dormait déjà et Sylvie aussi. On ne se parlait plus. Sylvie a une très bonne situation, elle gagne plus que moi. Eh oui, elle a un curriculum vitae bien comme il faut ! Alors, j'ai pris ce congé sans solde pour six mois. La Caisse d'allocations familiales me verse 2.800 francs tous les mois. Au boulot, certains m'ont félicité, d'autres m'ont traité de fou. Certains collègues étaient sceptiques, ils disaient que c'était réservé aux femmes, mais, aujourd'hui, ce n'est plus le cas. Les hommes aussi veulent rester un peu avec leurs enfants.

Page 108 exercice 4

Écoutez puis, pour chaque situation, cochez la phrase correspondante.

Exemple : Oh oui, j'ai pris l'autoroute ! À la veille des vacances, les routes nationales, c'est bouché !

1. Il a invité à son mariage tous ses amis, donc... pas de jaloux !
2. Le nouveau président ? Le conseil d'administration l'a choisi hier.
3. Samedi, fini les travaux de peinture et dimanche, enfin le grand déménagement !
4. Demain, ma fille va avoir 23 ans. Elle va adorer mon gâteau !
5. Ce soir, dernier essayage, vendredi soir, c'est le défilé.
6. Le TGV de 18 heures est ce qu'il y a de mieux. Je le lui ai dit.

Page 109 exercice 6

Lisez ces 6 règles d'or pour réussir un entretien d'embauche, puis, pour chacune de ces questions posées à l'occasion d'un recrute-

ment, écoutez les trois réponses proposées et choisissez la meilleure.

Exemple :

a. Rien, je ne sais absolument rien, pouvez-vous m'expliquer votre activité ?

b. J'ai eu un certain nombre d'informations à partir de votre site Internet et j'ai désiré en savoir plus.

c. Très peu, ce qu'on lit dans la presse, je voulais en savoir plus mais je n'ai pas trouvé un moment pour le faire.

1.

a. J'aime le sport, la lecture, et quand je peux, j'adore aller au cinéma.

b. Le jazz, j'adore le jazz. Ces derniers mois, je n'ai pas raté un seul concert. Vous aimez, vous, le jazz ?

c. Je suis fanatique de tennis, dommage que j'aie si peu de temps et que je sois si paresseux !

2.

a. Oh, vous savez, j'avais envie de changer, dans la boîte où je suis actuellement il n'y pas de perspectives de carrière.

b. Les conditions de salaire que j'ai à l'heure actuelle ne sont pas satisfaisantes.

c. Je pense que l'activité de votre entreprise correspond mieux à mon profil.

3.

a. Je préfère mieux connaître le travail avant de me prononcer.

b. Je sais que ce secteur est en expansion, je pense donc que votre entreprise se développera de plus en plus.

c. J'en attends beaucoup, je sais que je pourrai faire une belle carrière chez vous.

4.

a. J'aime le travail en équipe et j'aime aussi prendre des initiatives. Je pense que ces deux qualités pourraient m'aider dans ce travail.

b. Je pense vraiment correspondre parfaitement au profil du candidat que vous recherchez. On dirait que votre annonce est faite pour moi.

c. C'est vous qui pouvez en juger mieux que moi : vous connaissez le poste et vous avez devant vos yeux mon curriculum vitae.

Page 112 exercice 10

Lisez le tableau "Rédiger un C.V.", puis écoutez l'enregistrement et complétez le C.V. de Marie-Christine Ursulin.

— Pouvez-vous me parler de vos études ?

— Après avoir obtenu ma Maîtrise de Droit à l'Université de Paris II en 88, je me suis inscrite dans la même université pour un DESS en Droit des Entreprises et je l'ai obtenu en 90.

— En quelle année avez-vous commencé votre activité professionnelle ?

— La même année, je suis entrée comme assistante dans un cabinet d'avocat. Grâce à mes diplômes et à mes connaissances des langues étrangères — je parle couramment l'anglais et l'arabe, j'étais responsable de tous les contacts avec les entreprises étrangères.

— Pourquoi cherchez-vous un autre emploi ?

— Le cabinet d'avocat où je travaille actuellement déménage en province et, pour des raisons familiales, je ne peux pas quitter Paris.

— Une dernière question : quels sont vos loisirs ?

— J'aime beaucoup lire, aller au cinéma et, quand je peux, voyager à l'étranger.

Page 114 exercice 12

Écoutez, marquez la liaison, puis lisez ces phrases.

Exemple : Allons-y, il est tard.

1. Mangez-en, c'est très bon.

2. Quand il comprendra son erreur, ce sera trop tard.

3. Pensez-y avec attention.

4. Ce livre dont elle parle a obtenu le prix Médicis.

5. Quand on aime, on est fier de la personne dont on est amoureux.

6. Ils ont déménagé en automne.

7. Vas-y, il t'attend.

8. C'est une affiche très originale.

Page 114 exercice 13

Écoutez, marquez la liaison si nécessaire, puis lisez ces phrases.

Exemple : Marie arrive et elle s'installe chez eux.

1. Ce mot est difficile à articuler.

2. C'est une villa immense qui est en harmonie avec le paysage.

3. Entre elle et lui, tout est très intense.

4. De nombreux Espagnols partent en août.

5. Il ne va pas ouvrir car il est de plus en plus sourd !

6. Richard habite en Égypte.

7. Ils invitent Pierre et Alice à dîner.

8. Cet été, le temps est très humide.

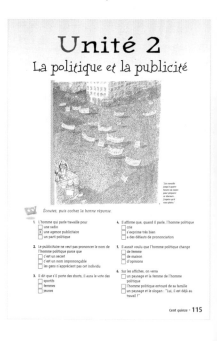

Page 115 exercice 1

Écoutez, puis cochez la bonne réponse.

(Il pousse un soupir de soulagement)... Ça y est, j'ai enlevé l'affaire... enfin quand je dis "je"... Mon agence de publicité... PUB X... [...] Mais là, on n'était pas seuls sur le coup, vous pensez, une campagne électorale... Y avait Havas... Publicis... [...] Moralité, c'est moi qui ai été choisi par... son nom, je peux pas vous le dire, parce que justement, première chose, je vais le faire changer de nom... (très critique, fronçant le nez) Il a pas une excellente réputation... Depuis 25 ans il est passé de gauche à droite, de droite à gauche, au centre, à droite, à gauche... [...].

Enfin... y a du travail (énergique) Y a du travail ! Les costumes, je lui ai dit vous n'aurez jamais le vote des femmes si vous faites votre campagne en short, vous aurez le vote... des sportifs, des campeurs... [...] Mais son élocution ! Il zozote (il l'imite férocement) Il parle comme ça... L'autre jour, à Cherbourg : moi-même je pouffais... Il était là devant 2 000 personnes : (il l'imite, zozotant) "La leçon... de la scission... au sein... de l'opposition..." "L'opposition... ne doit pas être... un saucisson... dont..." (il pouffe encore complaisamment)... J'aurais voulu le faire taire si j'avais pu... Alors je lui ai fait sauter toutes les dents... Clang... et je lui fais mettre... Que des dents en or... [...] Autre chose... J'aurais aussi voulu qu'il change de femme, il veut pas... Elle m'énerve... [...] Elle m'énerve !.. [...] Je lui ai fait changer la couleur de ses cheveux... On a obtenu une couleur (il cherche à définir la couleur) C'est pas kaki... C'est... Non, je peux pas dire, il faut que vous voyez... Alors elle me dit : "Je serai comment sur les affiches ?" Réponse : (il ricane et nous le dit en douce) Absente... Parce que (il change de ton, devient sérieux) mon idée d'affiche... C'est... Vous avez un village typiquement fran-

çais... Le ciel derrière... Et devant, au premier plan... Personne... Et à la place, on écrit : "LUI, IL EST DÉJÀ AU TRAVAIL" ... [...] C'est tout...

Page 117 exercice 4

Écoutez, puis complétez la grille en écrivant les verbes au conditionnel passé de ces dialogues et en indiquant si les personnes expriment un regret ou un reproche.

1. — Tu aurais pu me le dire que tu rentrais à minuit !
   — Mais je te l'ai dit hier, tu n'écoutes jamais !

2. — J'aurais voulu t'offrir un bijou mais je n'avais pas assez d'argent !
   — Mais ce n'est pas grave, j'adore les bonbons au chocolat, mon amour !

3. — Mon mari aurait préféré aller à la montagne !
   — Et alors pourquoi êtes-vous allés à la mer ?
   — Ben... parce que, les vacances, c'est moi qui décide !

4. — J'aurais aimé que tu sois plus bavard hier soir avec mon patron !
   — Oh, il est trop ennuyeux ! J'ai fait des efforts, tu sais, mais rien à faire...

5. — Tu aurais pu m'inviter à ta fête d'anniversaire ! Moi qui suis ta meilleure amie !
   — Mais tu étais malade ! J'ai pensé que tu ne viendrais pas !

Page 118 exercice 7

Lisez les tableaux "Exprimer une hypothèse" ci-dessous, puis indiquez dans la grille si ces situations ou actions sont réalisables, peu probables ou irréalisables.

Exemple : — D'accord, je t'écris si j'y pense.

1. Si je gagnais le gros lot, j'achèterais enfin cette villa avec piscine.
2. Si le métro ne marche pas,

prends un taxi.
3. Si tes amis n'étaient pas arrivés en retard, j'aurais eu le plaisir de faire leur connaissance.
4. Si mes enfants étaient plus sages, il n'y aurait pas tout ce bruit dans l'appartement.
5. Si tu avais réservé deux places la semaine dernière, ce soir, nous aurions pu aller au théâtre.
6. Si la cuisine de ce restaurant était meilleure, il y aurait du monde !

Page 128 exercice 5

Écoutez ces phrases puis, pour chacune d'elles, cochez la case correspondant à l'expression de temps employée.

1. Réfléchis encore avant de prendre une décision.
2. J'ai l'impression que tu es plus heureuse depuis que tu as changé de travail.
3. Après avoir assisté à la conférence, tous les étudiants sont allés dîner dans un restaurant du centre.
4. Je vais terminer de préparer le dîner pendant que tu vas chercher les enfants à la fête.
5. Nous sommes un peu tristes depuis que nos enfants sont par-

tis en Angleterre.

6. Avant qu'il n'y ait encore une panne de courant, il faut que je termine ma recherche.

Page 130 exercice 9

Observez le tableau "Argumenter", écoutez l'enregistrement puis complétez la grille selon le modèle.

1. Oscar adore les surprises, c'est pourquoi je vais organiser une fête pour son anniversaire.

2. Il fait beau aujourd'hui, pourtant la télé avait annoncé un dimanche pluvieux.

3. L'appartement que j'ai acheté est tout petit, de toute façon, je n'avais pas beaucoup d'argent à ma disposition.

4. M. Durand a une opinion très intéressante au sujet des horaires des séances de la nouvelle salle de cinéma, je vous prie, par conséquent, de l'écouter avec la plus grande attention.

5. Cet été, j'ai l'intention de bien me reposer, de faire du sport et, en plus, de finir d'écrire mon roman.

6. Il y avait du verglas sur la route et donc, la voiture a dérapé au premier virage.

7. Je ne sais pas à quelle heure j'arriverai ce soir, de toute manière, ne m'attendez pas pour aller chez les Piotet !

8. Les journalistes sont en grève, mais les journaux sortent quand même.

9. Ils n'aimaient pas la pièce, alors, à l'entracte, ils ont décidé de quitter la salle.

10. Nous allons vous exposer notre projet et vous montrer les avantages de notre ligne de produits pour le corps. D'ailleurs, comme vous le verrez, nos prix sont très compétitifs.

Page 136 exercice 17

Écoutez, cochez la phrase entendue, puis lisez ces phrases.

1. J'ai ri avec elle.
2. Ils conduisent bien.
3. On se fait un thé.
4. Ils étudient bien.
5. Je portais un paquet.
6. Je choisis une glace.

Page 136 exercice 18

Écoutez, cochez la phrase entendue, puis lisez ces phrases.

1. C'est la mienne.
2. C'est un ton agréable.
3. Voilà un Romain.
4. Je veux du thym.
5. Le train est lent.
6. Jean a téléphoné.

Page 136 exercice 19

Écoutez, puis marquez l'accent tonique selon le modèle.
Exemple : Le chat mange. Le chat mange du poisson.

1. Le dentiste est absent.
2. Le dentiste est absent pour toute la semaine.
3. Vous êtes allés en Norvège ?
4. Vous êtes allés en Norvège, à Pâques, avec vos amis ?
5. Tais-toi !
6. Tais-toi et écoute la musique !

Page 136 exercice 20

Écoutez, puis cochez la phrase entendue.

1. Je vais y aller.
2. Parle plus fort !
3. C'est Louis.
4. Où se trouve ta roue ?
5. Elle a seize ans.
6. J'ai mis douze heures.
7. Ils sont bien écrits.
8. Chantez encore !
9. Le sac est sur la table.

Tableaux de phonétique

ON ÉCRIT	ON PRONONCE	EXEMPLES
a	[a]	matin
	[ɑ]	bas
b	[b]	bonbon
	[p]	absorbant
c	[k]	cou
	[s]	cela
	[g]	second
	-	blanc
d	[d]	demander
	[t]	quand elle peut
	-	il comprend
e	[ə]	me
	[e]	toucher
	[ɛ]	mère, tête, elle
f	[f]	fou, effort
	[v]	neuf ans
	-	nerf
g	[ʒ]	girafe
	[g]	gare
	-	doigt
h	[ʃ]	Hollande
	-	humanité
i	[i]	livre
	-	oignon
j	[ʒ]	jeu
	[dʒ]	jogging
k	[k]	kilomètre
l	[l]	bal
	-	gentil
m	[m]	mener
	-	automne
n	[n]	chacune

ON ÉCRIT	ON PRONONCE	EXEMPLES
o	[ɔ]	porte
	[o]	loto
p	[p]	pont
	-	beaucoup
q	[k]	qui
	-	cinq cents
r	[ʀ]	rue
	-	entier
s	[s]	savon
	[z]	désert
	-	tomates
t	[t]	terre
	[s]	nation
	-	dont
u	[y]	pull
	[ɔ]	minimum
v	[v]	rêve
w	[w]	whisky
	[v]	wagon
x	[ks]	fax
	[gz]	exercice
	[s]	six
	[z]	deuxième
	[k]	excès
	-	joujoux
y	[i]	mystère
	[j]	payer
z	[z]	onze
	[s]	quartz
	-	essayez, assez

VOYELLES

[i]   fil, y, île
[e]   été, parler
[ε]   mais, père, seize, être, terre
[a]   plat, platte
[ɑ]   bas, pâte
[ɔ]   bord, sol
[o]   nôtre, beau, gauche, rose
[u]   vous, tout
[y]   vu, tu
[ø]   deux, il veut
[œ]   bonheur, cœur
[ə]   de, regard
[ɛ̃]   plein, matin, importé, bain, faim, symbole
[ɑ̃]   enfant, champs, trembler
[ɔ̃]   son, tromper, tomber
[œ̃]   un, parfum

SEMI-CONSONNES

[j]   ciel, viens, fille, yeux, oeil
[w]   oui, ouest, ouate, moi, moyen, loin
[ɥ]   lui, appuyer, situé, évaluation

CONSONNES

[p]   papa, appartement, absolu
[t]   tête, thèse, été
[k]   car, occasion, quand, orchestre, kilo, sac
[b]   bébé, abbé
[d]   doué, aide
[g]   langue, Guy, gare, agrandir
[f]   femme, neuf, philosophie
[s]   sel, cinéma, français, dessus
[ʃ]   cher, château
[v]   vous, wagon
[z]   zoo, raison
[ʒ]   je, général, mangeons
[l]   loup, elle
[ʀ]   russe, mur
[m]   maman, homme
[n]   nous, année
[ɲ]   règne, Espagne

Sommaire

Tableaux des contenus (En italique : rappels)

Imprimé en France par CLERC S.A. - 18200 Saint-Amand-Montrond - Octobre 2000